Human Proxies
in Cryptographic Networks

Human Proxies
in Cryptographic Networks

Establishing a new direction to end-to-end encryption

with the introduction of

the inner envelope in the echo protocol

Uni Nurf

Imprint

Nurf, Uni: Human Proxies in Cryptographic Networks - Establishing a new direction to end-to-end encryption with the introduction of the inner envelope in the echo protocol, 2023.

ISBN 9783759705044.

English / German language.

2023 - © Uni Nurf.

Production & Publisher: BoD – Books on Demand, Norderstedt

„Everyone's a Proxy, baby - that's the truth!"

Hot Chocolate.

Human Proxies in Cryptographic Networks

- Establishing a new direction to end-to-end encryption with the introduction of the inner envelope in the echo protocol

Uni Nurf

Abstract:

Human Proxies offer new directions to end-to-end encryption: End-A-to-End-Z encryption must be rethought when it turns out to be an End-B-to-End-Z encryption. And, Human Proxies raise questions that were neither answered by science, journalists nor the public.

Regular Proxies on a network are forwarding Internet requests, e.g., to download a webpage. Also, in political and social settings a Proxy as an intermediate, deputy or representative with a similar function is given.

Human Proxies now enable within the Encryption and Messenger Application Spot-On to choose a friend as a Human Proxy.

The Spot-On program is a most modern and elaborated encryption suite available for several operation systems and provides many innovations in applied cryptography. It builds based on the Echo Protocol a cryptographic network, that is beyond Cryptographic Routing.

With Human Proxies now a friend from the Messenger friends list sends out the chat message instead of the original sender.

The construct of the „Inner Envelope" behind the Human Proxy function also creates new cryptographic challenges, provides plausible deniability to included nodes, and offers new perspectives in encryption, its analysis and decryption:

As all messages in the network are encrypted, end-to-end encryption is new defined and gets with Human Proxies a potential second and plausible deniable start point. The essay in this book discusses some related aspects of Human Proxies and their referring's to encryption, networking, graph theory and comparable social and political processes of Proxies.

This leads to a further general approach: Endpoints in Encryption are equipped by the application Spot-On with the vision of interoperability of endpoints in communications.

---

1 - Introduction to Human Proxies

The encryption suite Spot-On encrypts not only chat, email, and files as well as a web search in a distributed but only locally searchable URL database by establishing a network of encrypting network-nodes. In addition to numerous other cryptographic innovations, the software application has now furthermore introduced the function of Human Proxies in early 2023: The Human Proxies function is another developed aspect of the interesting Echo and its protocol (Spot-On 2013).

A proxy is generally a communication interface in a network of computers: a starting point or an instance for putting through or for forwarding chats and data on the Internet instead of the original address, e.g. the IP address.

The term proxy derives from the Latin word „procuratorem" and means „to care for something", or with alternative terms it means also to be a „representative", a „delegate", an „intermediate" or an „agent".

The proxy therefore works as an intermediary which accepts inquiries on the one hand and then establishes a connection to the other side via its own address. This is a usual basis for the Internet.

If the proxy is used as a network component, the actual address of a communication partner remains hidden from the other communication partner. That creates a certain anonymity. At the same time, a proxy is also a protective shield outward to fend off attacks at its (this) position and to protect internal nodes behind it.

Within the implementation in the encryption suite Spot-On, a friend in the Messenger's list of friends is defined as a proxy by the sender of the message. A user or sender can thus send the message to the recipient via another friend.

The function is also available in the messenger Goldbug, which offers a simpler graphic user interface of the Spot-On program. With the name Goldbug, the messenger is a reminiscence to the writer Edgar Alan Poe, who tells the short story of the same name about a so-called cryptogram - an encrypted riddle - in which three friends are included (PC World Magazin / Joos 2014, Kahle 2020, Poe 1843).

Since only encrypted packages are sent in the messenger network, it is not clear for the proxy network node what content it forwards or sends again.

The associated aspects and facts such as the peculiarity of the (multi-)encryption used and the Echo protocol related to the network should be explained further below, also the question should be investigated to what extent Human Proxies redefine the end-to-end encryption or lift it to a new level.

Because: With Human Proxies, the end point of an end-to-end encryption is placed on another end or starting point - without decoding or breaking the encryption. An „Inner Envelope" with the same (encrypted) message (within a message of the original sender) enables to send out the message (still in the encrypted cipher-text) from another node defined by the original sender:

A friend from the sender's messenger-friends-list takes over the shipping instead of the original sender.

This not only offers the opportunity for a discussion of technical, social, and legal-philosophical questions, but the construct of the

„Inner Envelope" also creates new cryptographic challenges and offers new perspectives in encryption, its analysis and decryption.

In particular, the end-to-end encryption experiences a Copernican turn: the end-point of a graph in the network is no longer the end-point we are talking about. The sender can be any end- or starting-point in the network with Human Proxies.

Its network of relationships (e.g., to a friend acting as a Human Proxy) can remain unknown in an external view of the network because the key-exchange is in the past and this friend in the network does not have to appear until this node is finally addressed.

We will address that in a later section.

Let us first look at the basis of the encrypted network: the Echo and what role individual routes in the network can take, considering a view in the theory of the graphs.

2 - Graph-Theory and Echo-Protocol

Individual users, respective node-instances or servers within the Spot-On program, are connected via the Echo protocol established within the network.

Echo means simplified that a user forwards an encrypted packet to all users or nodes connected. Just as you call into the forest (aka node), the Echo resounds back (to all).

Each instance tries to decipher and unpack any passing packet with all the keys present locally in the node. This is successful if a legible original text (also called plain-text) arises from the cipher-text of the sent respective incoming package: Then the key was suitable and the attempt to decrypt was successful.

This is the case if the decrypted text is identified as the original plain-text via a hash value. The hash is a unique, short string that is derived from an overall text but is not reversible, i.e., cannot be reverted back into the overall text. (The hash value is included in the program Spot-On within the encrypted packet and since the hash function is not reversible, this does not harm the encryption).

This means that the Echo in the network can always be seen in relation to an analyzable graph design.

A graph is an abstract structure in the graph theory that represents a lot of objects together with the connections existing between these objects: colloquially, a route simplifies as a route-plan via various stations (Berge 1958, Jungnickel 1994, Bollobás 2002, Diestel 2010).

If all nodes forward a packet to all connected nodes, a packet respective a message always takes a very individual network route that can be represented as a graph in the network until it reaches the recipient. And ultimately, a message will pass many network nodes.

In each node, a specific function called „Congestion Control" ensures that double (redundant) packets - i.e., messages that have already come to the node and with which attempts were made with all known keys to unpack and decipher a message - are not once again subjected to a decryption attempt.

Based on the determination of a hash value for the packet, the node knows whether this packet with exactly this hash-value has already been analyzed. If this is the case, an examination is not carried out again with all keys.

With this function called Congestion Control, the procession load is reduced and the workload for the testing attempts is minimized in every node.

The Echo protocol is documented in detail in the technical documentation (Spot-On 2013) and in manuals for the Spot-On program (Edwards & Project 2019).

Described metaphorically, the program Spot-On therefore handles a stack with envelopes that represent encrypted news packets.

Because of the encryption and due to the fact that the packets with the enclosed hash-value of the original message are subjected locally to a decryption attempt, an external monitoring does not know whether the readable message was determined for this node.

By flooding the network and running through many nodes, an analysis of metadata is also difficult.

Because even readable messages can be packed again and in turn forwarded to all connected nodes.

The forwarding is comparable to the extraction of a water sample in a mail-bottle from the river, which - as it was - is added back into the river respective the network. It can hardly be monitored whether someone can draw conclusions from the analysis of the water sample and can decipher a message. Metadata does not occur; decryption or analyzing attempts remain unattended locally. The amount of water in the bottle-mail turns to the next resident on the river, who extracts this water sample in the bottle, analyzes it, and again returns it again to the river.

3 - The introduction of proxies in the friend list of a messenger

The messenger respective the encryption program Spot-On is pioneer in multi-encryption and quantum computing safe encryption with the McEliece algorithm and has created and documented essential innovations in cryptography: Like the encrypted messaging via email server (POPTASTIC with EPKS (Echo Public Key Sharing, or later in other implementations, also called Autocrypt (Adams 2016, Lindner 2016)). Here two friends automatically exchange the public key of an asymmetrical encryption and secure the channel).

Or also the Cryptographic Calling, which equipes a channel for encryption with new keys (also symmetrical) up to the use of short-term (ephemerals) keys such as the Secret Stream keys (Spot-On 2011, Gasakis/Schmidt 2018, Tenzer 2022).

Now the file and communication encryption application Spot-On has provided its friends list with a check box in front of a friend on the friends list. With just one click, a friend - if he is online - can be used as a proxy for outgoing chat messages and data.

Of course, there are already different proxy programs for the web and some may also have a authorization concept. Users need access data in order to be able to use these regular proxies with their own IP-address, in order to then continue to act with the IP-address of the proxy.

A regular proxy may also have different monitoring functions. For example, a proxy for websites records which URLs have been addressed. Or a local copy of a website will already be hold in its cache and will be sent instead of the current original page.

The operator of an open regular proxy has almost full control over all connections, can record data and even falsify any web content without the user noticing anything about it.

Regular proxies that build on a friend-to-friend-network are hardly established. Here, too, processes would be based on trust in the friend and the connections would probably not be encrypted.

Human Proxies in the Echo network, on the other hand, only know encrypted packets. They do not host them either, but just forward them like any internet node, as they are - with or without a successful attempt for decryption.

And: The Human Proxy nodes do not require the content of the encrypted packet or letter. At least they cannot read the letters that they pass on because they are encrypted. A concept of trust is not required.

Human Proxies are proxies based on a friend-to-friend-network. They process encrypted data so that the friend or proxy cannot read any messages. However, there is still an end-to-end encryption between the hidden (original) sender and recipient of a message.

And finally, the message reaches the proxy through a graph design of the path in the network, which is based on the complexity of the Echo protocol and its encryption.

This architecture respective specification of the function of the Human Proxies is therefore new, respective innovative, and so far, only researched in the beginning.

Let's look at examples that are shown with a corresponding graph.

4 - Basic examples of a constellation of a Human Proxy

Suppose A, B, and C are three participants. Also suppose that A is paired with B and C. Now suppose that B is optional a so-called Human Proxy. Optional because B may optionally place itself with the responsibility of being a proxy. Now let's imagine that A wishes to transfer a message to C through B.

See Figure 1.

The Human Proxy process describes as followed.

1. A specifies B as a messaging proxy.

2. A writes a message to one or more participants, perhaps even B.

3. For a recipient R, the transmitted message is B(R(M)). R(M) contains some important information. B(...) is a traditional message.

Figure 1: Graph-model including a Human Proxy

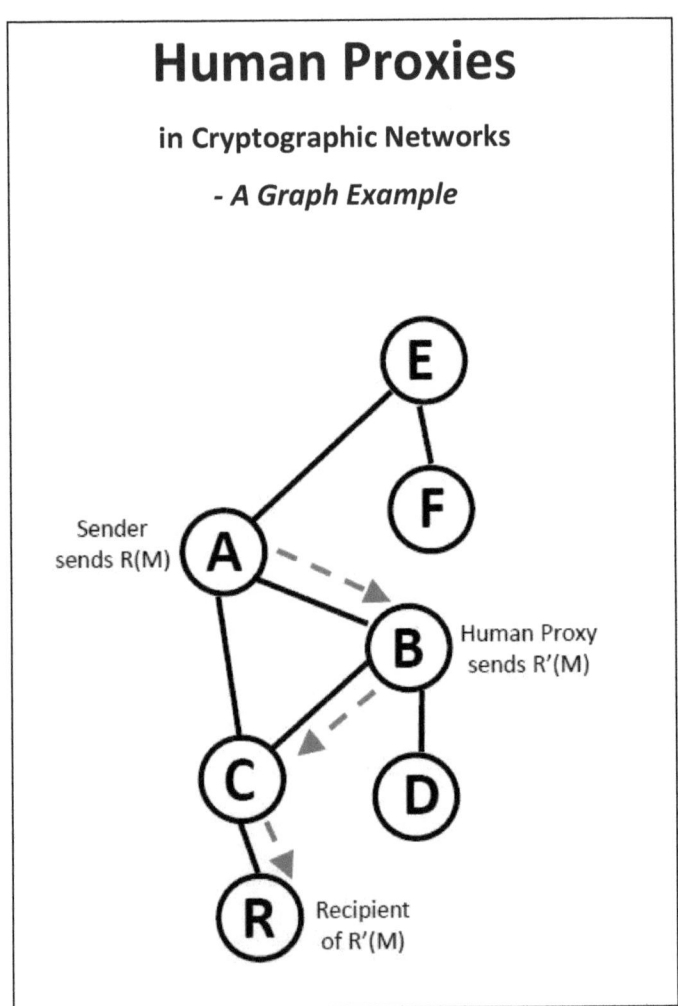

4. Once B receives B(R(M)), it extracts R(M) through the traditional Spot-On mechanisms and detects that R(M) is present. How? R(M) contains a special keyed digest which B detects.

5. Because R(M) is destined for someone else, B completes its interpretation of R(M) and transfers a trimmed version of R(M), say R'(M), to its neighbors.

6. R'(M) is now a traditional message within an Echo network. That means every knot is sending the message to all connected knots.

R(M) is a message created by A while R'(M) is a message created by B. R(M) and R'(M) contain the identical message M. The difference of both messages is that they are sent from different senders.

Because: If two people communicate, they need a form of communication. That is a given in any form, orally, or computational.

Another example to show the basic definition of such a proxy:

Figure 2: Another basic model of a Human Proxy

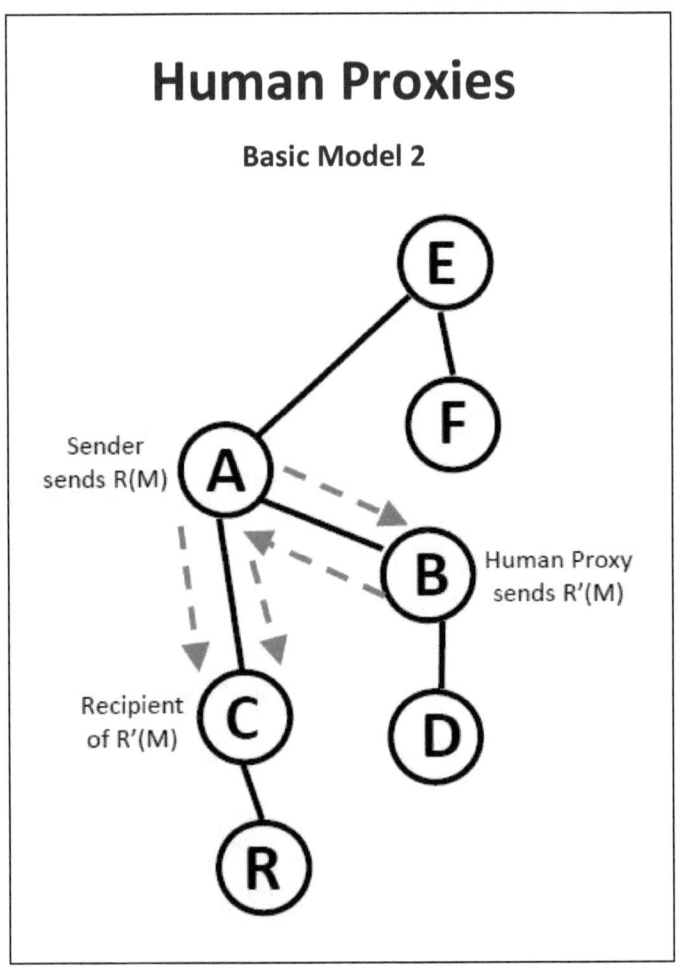

Source: own graphic

A and B are paired. A is paired with C. B and C are not paired nor do they need pairing.

Since A and B are paired, both may serve as proxies for C.

If A is able to communicate with B and C, A can communicate with C as if B is communicating with C.

This means that B communicates with C as if it were A, and sends the encrypted packet via A. A therefore cannot read the own message while forwarding it to C.

C knows, however, that the message came from A. And: A network analyst could also assume that A has sent the package to C (which is also de facto valid for an encrypted package, like any encrypted packet in the is the Echo is forwared).

However, it came from B. The sender became the forwarding node and the proxy became the new starting point of an end-to-end encryption, which can form any graph from existing connections in the Echo.

5 - Human Proxies in relation to further characteristics and developments

A Human Proxy transforms a message intended for one recipient into a message sent by another. Hence the name proxy. It is a form of delegation and obfuscation over another intermediate person.

Let us again take up the example of the mail envelope from the analog world:

The Spot-On program processes a stack with envelopes, so to say: to one of these encrypted envelopes can now also be added a code and a second, Inner Envelope, so that the second envelope can be sent to the recipient by another friend: Echo high two defines Human Proxies.

The processes are comparable as if a military administration, which is currently recruiting for the war, is informed by a letter in the analogue world that you are not in the country.

In the alleged appearance, however, the envelope with the letter was thrown into an abroad post-box by an abroad friend. While you are still in the country.

The exact location of the peaceful cannot be identified, it is alleged with the foreign stamp and stamping at the location of the proxy sender.

But the letter to the military administration that has been thrown there was only a letter in a letter.

The peaceful has been in the country. He only needed a foreign stamp (and a friend abroad who gives this letter to the foreign mailbox) to make the military administration believe that he was abroad at the time and could not have been recruited for a war.

On the network level encryption is also present: The Human Proxy opens the envelope and determines that it cannot read the content of the second (Inner) Envelope.

One as Human Proxy does not even know the recipient. You take the second envelope and return it to your pile of envelopes that need delivery. Important, you opened, touched, and returned the envelope - according to the Echo protocol and its specifications, written at a different place about as mentioned above.

Someone may assume that you created this second envelope. That's enough for this analogy: it shows the function of a proxy, which is sending in the sense of a second behind it.

We can summarize the definition as follows: In the digital world Human Proxies are nodes in a network, which act as a proxy for another node; this Human Proxy - as established in the encryption application Spot-On - is a friend in the friends list of this messenger.

Hence the name Human Proxy.

5.1 - Proxies in political and social life

The term proxy not only appears in the technical area of information science, computer science and network technology, it is also used in the social and political sense.

Political proxies are individuals in the political, and social world to be hired to enter another person or organization as an intermediary or deputy (representative).

They are usually used in situations in which the true identity of a decision maker or actor must remain in the background; or a certain degree of anonymity is desired.

These proxies can take a variety of roles, depending on the referring's in each context.

For example, in politics, Human Proxies may be used to represent a particular candidate or party, or to carry out activities such as canvassing or fundraising. In business, they may be used to negotiate deals or contracts on behalf of a company, or to act as a liaison between different departments or stakeholders.

Political proxies are often used to initiate a deputy for the Human Right to freedom of expression. For example, works councils are a proxy for the employees in the company.

Deputies are also scientifically examined, e.g. in a teaching situation in a classroom. If the questioner is not the original person in the class, no one can be discriminated against or laughed at, for example.

Or: In some experiments in school classes, the quality of relationships is also examined when the teacher interacts with a student through a video channel or, respective, a human-like communication medium as a proxy for the teacher is used - to support both, providing external information and different mental states for listening.

Very popular was e.g., the social experiment with a human shaped hug-pillow called „Hugvie" with a smartphone inside or using a humanoid robot as a proxy in a classroom with a remote teacher behind (Nakanishi et al. 2016).

The following sentence has already been established on the news and comment service Twitter, for example: „I only ask for a friend". This means that inquiries are no longer made directly. Instead, oppositional opinions are asked as a question that supposedly do not come from oneself. This is also to avoid a shitstorm or a lot of hate messages and comments.

At the same time, this form is also used in an ironic way in order to draw attention to the requested person, that he may represent probably a single opinion and that there are other facts or opinions to be taken into account.

Letting the deputy or avatars speak for oneself is the most modern form of becoming unassailable.

A Trojan horse can also give an example of a proxy: in Greek mythology, the Trojan horse was a wooden horse at the gates of Trojas, in whose stomach Greek soldiers were hidden. The soldiers opened the Trojas city gates from the inside at night after the horse had been drawn into the city and left their army in. Through this warlist, the Greeks according to the myth won the Trojan War. Metaphorically, today is under a „Trojan Horse" a harmless-looking object understood that an attacker uses for camouflage to be embedded in a safe, protected area.

The wolf can also use according to the well-known fairy tale a sheep for mime a deputy.

The use of such proxies can be controversial, as it can raise questions about transparency and accountability. In some cases, it may be seen as a way to evade responsibility for certain actions or decisions. Additionally, the use of proxies can create confusion or mistrust among stakeholders if it is not made clear who is ultimately responsible for a particular action or decision.

Proxies though are a common tool in many areas of society, particularly in situations where anonymity or confidentiality is important. Individuals and organizations need to consider the potential consequences of using such proxies and should consider an ethical and transparent process.

Let's now consider some interesting aspects of the Human Proxies function in the Instant Messenger part of this aforementioned encryption suite Spot-On for the digital, technical, social and networking world.

5.2 - In times of global indexing of all Human Beings: Human Proxies enable everyone to be able to delegate

The internet used to be in early stages more anonymous than today. Discussions and developments on account-based access, on the currently only requested full names usage, and on increased authentication (now with two factors), as well as on numerous mechanisms such as cookies and further to re-identify users of websites, close the last gaps to be unobserved on the Internet.

This is necessary for the security of payment processes or prevention of frauds and, if necessary, desirable regarding customer marketing. With regard to the original culture of the Internet and the freedom of expression on the Internet, this tracking is also considered disadvantageous: Free expression in the digital space or generally a publication of critical information (be it by oppositional or by whistle blowers such as Edward Snowden or Julian Assange), can be traced and persecuted even in the western world. Even endanger the existence.

It is no longer just about assigning individuals with their speaking - it is about indexing all people of the planet in as many areas of life as possible - starting at birth, in the event of tax questions, in terms of health documentation, with social behavior as this is monitored with cameras and artificial intelligence for example with the social point system in China: If you go over the street with pedestrian light at red, you will receive a point loss and may only be approved at a later state for studying (compare Everling 2020, Sundermann 2021, Kalathas 2022).

In his book `Super Secreto´, regarding the new era of the quantum computers and their effects on breaking encryption, Theo Tenzer has not only explained essential current source-open encryption programs and presented the political attacks and restrictions on privacy and end-to-end encryption, but also in a small side chapter, he pointed out the probably most important future danger of the development of a computerized society: humanity begins to index every person of the planet.

Everyone has a uniform tax number not only for the state, but every human being receives a so-called „number for human beings" for identification - as the process, for example, is driven especially in Germany and as it is intended for the entire European Union. In the United

States, people are identified via their social security number, phone number or the email address.

Especially against the background of the Nazi Germany, as Jews were pursued and deported and murdered in concentration camps, the human number is a powerful instrument that can be viewed critically in a humanistic and constitutional point of view: A list of all Jews could today be pulled from a database of numbers for human beings just with a few clicks, as well as a list of all oppositional people or vaccination refusers in a next Corona pandemic.

This means that repressive measures become individually tailored, nobody falls through a grid or can duck - and no collective or public measures would have to be taken: people will be tacitly filtered and individualized. Social movements or the chains of those affected with the same filter criteria in the form of a solidarity community could be prevented.

Friends on social media and contact lists on the smartphone today have the risk that they will all be read out by the platform or the operating system or mobile application and uploaded to central services. „Who knows who" is known to all these services and providers.

The Chinese TikTok short-video service is an app that is so dangerous from the perspective of the western world because it not only offers the establishment of a friendship out of reality in the application as a messenger, but also asks that all contacts from Facebook and WhatsApp should be integrated.

What the American needed at the Facebook / Meta group for years, namely, to store the relationship-network of users (according to who knows whom) and also index it for processes of state security and surveillance, is copied by the Chinese government behind the Tiktok app with one click.

TikTok takes away the indexation of mankind with one click from WhatsApp, Facebook and Instagram and takes over the copied relationships to its Chinese guided database. The race of the world nations about indexing the soon two hands full of billions of people and customers should be quickly fulfilled - like the decryption of the human genome.

The Human Proxy in the electronic world now enables everyone to communicate via a double. A friend, a delegate, a representative in the form of a proxy provides the request or forwards a statement or message. This is a significantly balancing function in the electronic communication world, in which every tweet, every chat, and every email is electronically recorded permanently.

Because: The autobiography `Permanent Record´ (2019) by Edward Snowden, who revealed already in 2013 (when there was no human number respective indexing of the people with the current forms) that all internet communication is recorded, saved and probably also evaluated.

This points out the interests of agencies, forces and rulers, to record all sentences and chats and all the thoughts of a person associated with it.

Also, the spoken word and statements in dialogue are transcribed and archived by listening microphones, computers and voice assistants.

Since then, an internet of the permanent record has contributed to creating the basis for totalitarian societies: the indexation of mankind, the indexing of their texts, chats and from microphones transcribed statements as well as the storage and evaluation of personal health, behavior and consumption data become regular processes.

Technically, Humane Proxies on the network level now ensure that the original sender of a message is no longer recognizable, and his original IP-address can in any case be plausible deniable.

This applies even in the concept of the „Beyond Cryptographic Routing", in which the IP-address is not replaced by a cryptographic hash, but because of the „Beyond" character, no locally defined equation of the node and network address can generally be assigned.

The Echo protocol is therefore beyond a cryptographic routing because there are no more defined network addresses:

A packet passing the node is checked locally with all existing keys whether it can be opened.

Otherwise, the packet will be forwarded to all connected nodes.

This flooding in the network no longer knows any addresses of nodes - be IP-bound or equipped with a cryptographic code or hash. A message packet is opened locally and thus privately.

There is neither a destination address nor a sender address in the Echo. And now, with Human Proxies, the packet is furthermore sent by a deputy. There is randomness and complexity in the sending out of packets and messages.

In addition to the function of the Human Proxies, there also the Echo protocol has to be taken into account for a graph analysis:

An end-to-end encrypted message always takes a specific route in the Echo protocol after a starting point at each additional node and thus defines a respective graph.

The basic rule of the Echo, every packet that leaves a node is forwarded to all connected nodes, also applies to Human Proxies. It is therefore a multi-optional route in the network if the original sender A with all the connected nodes sends the message copied more than one to all - or when the proxy node B sends in its specific connection situation to all connected nodes.

In this way, the function of the Human Proxies once again removes the options of identifying an original sender when he uses a deputy.

Offer these options of Human Proxies, to use a representative, given the indexing of mankind, only advantages in a totalitarian society?

This function of the Human Proxies protects the statement of a message and releases it from a defined person or a throw-in-letterbox for the message.

The packet will surely have passed through all connected nodes in a network, but time analyzes are distorted and the message R (M) was exchanged for the message R´(M). The Inner Envelop of the original message takes its route: there is a message packet that - with the same content - has been sent from another node. And it offers everyone, who chats and sends messages on the Internet, the opportunity to use a double, a proxy, for own statements to friends.

It can be equated with a graphitti at the train station with a message that can read by understanding people more clearly. Nothing more and nothing less. Depending on the aesthetic feeling, whether graphitties are perceived as beautiful or unsightly: the one whose voice is suppressed will see as it an instrument to be able to place his message - independent of his person respective doing that unobserved and not traceable.

Now people can get freedom in these processes of surveillance with deputy Human Proxies, if this freedom in the further development of society should become even more necessary. Then this function is generally available to all communicating people on the Internet.

5.3 - Human Proxies and Plausible Deniability

Because chat participants can use each other as a Human Proxy, the facts and the concept of

„plausible deniability" get a completely new relevance.

The situation of a plausible deniability exists if a person or organization can deny a co-knowledge respective a participation in morally or criminal reprehensible processes within her sphere of influence and can therefore not be proven to be responsible, regardless of the actual truth content of this denial.

In the United States, Richard Nixon may be a still present example: When he came to the Vice President election in 1952, he held his well-known Checkers Speech, in which he explained: he only accepted one gift, a dog called Checkers, and that he did not intend to give this dog back. He used this dog as a deputy to keep further cases of corruption in silence. In the further course of his career, however, he though was notably the subject of multiple corruption allegations, which finally culminated in the well-known Watergate scandal: He had to step down because of „misbries from government-powers".

Also, the former German Chancellor Helmut Kohl accepted 2.1 million DM hidden party donations in the CDU donation affair for his party. Such many apparently numerous shadow accounts for hidden and thus illegal party donations were a violation of the applicable party donation law. The maintaining of such shadow accounts alone is illegal. The Federal Chancellor said that he did not name the names of the donors: he gave them his word of honor - and acted in the analog world as a Human Proxy. The Magazine Der Spiegel headlined in 2001 in this context: „This donation did not exist".

Investigative journalism - depending on how sustainable and deeply researched - could convert with evidence plausible deniability to facts in these political cases.

In a positive sense, a benefactor or donation provider may not want to appear for true charitable purposes. This is referred to in philosophy as philanthropy (ancient Greek philanthrōpía, by phílos „friend" and ánthrōpos „human being"). This refers to a human-friendly thinking and behavior. The motif is sometimes called a love that is comprehensive all of humanity, the „general love of people and human beings". In ancient times, the expression mostly referred to a benevolent, generous attitude of the elderly, more powerful and richer compared to their economically weaker fellow citizens.

The funds are often significant voluntary and financial benefits of wealthy citizens for the common through primarily large donations and through the establishment of foundations and primarily benefit education, research, healthcare, cultural concerns and combating social evil.

Today philantropism or also human-friendly attitudes or simply human friendliness in the form of charity or love of people are one of our most urgent pedagogical goals.

Since critics point out the strong political and social influence of large foundations that are only committed to the goals of their founders and are not democratically legitimized, and they also subordinate to the philanthropes questionable, selfish motifs, true philanthropes either tacitly appear without name or even with a delegate. In Joga teaching, this is referred to as „Karma Yogi":

If someone pretends that they are unselfish, but actually acts for an own advantage, for power or pleasure, it is called Pseudo Karma Yogi (Sivananda 1974).

Engagement in a non-profit association can therefore be a real Karma Yoga - but can also represent Pseudo Karma Yoga.

Already Jesus said: „So if you donate something, do it so inconspicuously that your left hand does not know what the right is doing. Be modest if you serve. Die unknown. Don't let anyone know your name. But work and serve others. Do not expect roaring applause. Only then does the fragrance of your soul come to light" (Mt 6.3) - and called on not to go to the grave with honor for your own name, but to promote other people by silence or deputies who - one would say today - „proxify" the own name - when it comes to benefaction.

Plausible or even perfect deniability is less necessary in charities about third parties than if political, corrupt or warlike actions are to be disguised about third parties; or if a „benefactor for the public" - as a whistleblower of explosive knowledge - has to fear personal reprisals - then the deniability should and must not only be plausible, but perfect waterproof.

The term plausible deniability was shaped by the intelligence organization CIA in the early 1960s and describes the strategy of protecting high-ranking civil servants and government members from law enforcement or other negative consequences in the event that illegal or unpopular activities would become public. According to the doctrine, leadership structures and command chains should be so loosely and informally that they could be easily denied if necessary.

For example, an Operations Coordinating Board, a secret committee attached to the National Security Council, coordinated hidden CIA operations. A representative of the US-President in this board, a function that under the President Eisenhower the politician and industrial Nelson Rockefeller represented, allowed the President to always remain informed about hidden operations.

And at the same time a „plausible deniability" should be kept in regard to the US-Congress for some actions, which were partially regarded as illegal.

This intended to have the opportunity to grant the CIA politically delicate orders from power carriers, even up to the president.

The originator or the sheer existence of these orders should be contested if a hidden operation fails or if political damage is feared if an official body took responsibility.

Hence, in summary, plausible deniability refers to the ability of an individual or organization to deny any involvement in an action or decision, even if evidence suggests otherwise. Essentially, it is the ability to maintain innocence or a lack of knowledge about a particular situation.)

This can be achieved through a variety of means, such as using intermediaries or third-party actors to carry out actions, creating a paper trail that obscures the true decision-makers, or simply denying any knowledge or involvement in the matter.

For example, in espionage, it is used to protect the identities of agents and operatives. And in business, it can be used to shield executives from legal liability or public scrutiny.

In these contexts, the ability to maintain plausible deniability can be crucial for avoiding legal consequences or public backlash.

A false flag operation could also be based on or could require a plausible deniability. In doing so, false traces are deliberately laid in order to accuse an uninvolved of the crime or message or to keep the originator of the act or the actual sender of the message free to have sent this message or to have done it.

Overall, the concept of plausible deniability is a complex and controversial one. While it can be a useful tool in certain situations, it also raises important ethical questions about accountability and responsibility.

In information technology, mechanisms for plausible deniability in anonymous peer-to-peer networks or generally for data encryption are used in order to be able to deny the origin or the presence of information. These are processes to hide confidential data or the origin of data so that their existence or origin cannot be proven.

For whistle-blower, who want to send secret information to the public, newspapers and media represent a kind of important proxy that protects them.

For example, Edward Snowden turned to the newspaper The Guardian to have them uncovered that all Internet communication is monitored by the American secret services (with action programs called XKeyscore, PRISM, Stellarwind, PSP and Boundless Informant) as well as with the more comprehensive British surveillance program TEMPORA - even if he also testified this with his name and face after this publication.

Early implementations of plausible deniable encryption in information technology offered the file system Rubberhose developed by Julian Assange, Suelette Dreyfus and Ralf Weinmann in 1997.

The name „Rubberhose" refers to the euphemist concept of „rubber hose cryptoanalysis", which refers to obtaining cryptographic key using torture. People were beaten with a rubber hose until they expose the password.

The program can now contain several separately encrypted file systems (so-called „aspects"), whereby their existence can only be proven if you have the correct cryptographic key.

The software was originally developed for human rights groups in dictatorships in the Third World, but was also often recommended for use in other countries such as the United Kingdom, because according to the British telecommunications surveillance law, the passwords or cryptographic keys must be revealed under the threat of prison sentence.

The concept was taken up in the program for the encryption of hard drives Veracrypt (the successor of: TrueCrypt). With its so-called „hidden volumes" and „hidden operating systems", it offers similar and further. When the encrypted computer starts, and a wrong password is entered an uncontroversial or perfect environment appears. If, on the other hand, another password is entered, the private, previously hidden environment appears.

Compared to the programs of Rubberhose or VeraCrypt, Human Proxies are not about hiding a file or only revealing a part of the data amount by a password forced by torture, instead the existence of the file or message is completely denied because it cannot be proven, that one is a sender or the starting point of an end-to-end encryption.

Human Proxies are currently the most modern and application-friendly design in a live communication system of a network in order not only to deny encryption plausible, but also to deny the sender of this encrypted message or data, as well as to deny the route in the network and the recipient of the message.

This not only affects data retention with regard to policies, procedures and laws and their monitoring, but also has consequences on encryption concepts and in particular a future design of end-to-end encryption.

5.4 - Human Proxies and Data Retention: Beyond Cryptographic Routing

In the case it comes to data retention, telecommunications providers are obliged to store connection data from their customers and their communication for a certain period of time. This data can include, for example, the telephone numbers, email addresses, IP-addresses, location data and times of calls or messages to other communication participants: It is of interest, who spoke to whom or established contact with whom.

The idea behind this is that this data of the past can be used by the law enforcement authorities in the event of law enforcement or fighting terrorism in order to identify and monitor potential criminals and to verify certain deals of them through a retroactive analysis of earlier personal communication in social networks or on the Internet generally.

However, data retention only works if all data and contacts are monitored of all - usually innocent - citizens. It is disproportionate mass surveillance. The majority therefore have concerns about privacy and data protection, since the data retention requires this permanent monitoring of all innocent citizens and thus the risks of such analyzes to create personality profiles grow up to a totalitarian status.

In addition to data retention - in which only the meta data of communication is accessed, that is, who communicated when with whom - should with the further and currently across Europe discussed instrument of chat-control also the content of the communication be monitored in real time and surveilled based on keywords.

The chat-control is technically implemented by the procedure of a client-side-scanning (CSS).

Sent or received messages or files are locally surveilled on the end device of a person by the operating system or the respective app for certain content referenced in a central database. This happens before texts and data continue to be sent or to be processed.

The content for detection and checking can also be sent to a central authority, as it can be done already, for example, when it comes to completing the auto-completion of search words in the browser.

Especially when communicating with a mobile device such as a smartphone, this gives a method for telecommunications monitoring, in which chat texts and files to be sent are to be checked according to defined content before an end-to-end encryption.

In a simplified manner, when it comes to data retention they want to know, who used which IP address at what time and with chat-control, they want to know what was communicated in terms of the content.

Critics speak of non-proportionate measures by a surveillance state in both procedures - the data retention as well as the chat-control, which also represent totalitarian mass monitoring especially in combination (Reuter 2021, Breyer 2005).

Both instruments are restricted by Human Proxies because of more complex technical architectures, if not both are bypassed or even being undermined.

Because of the flooding character of the Echo in a network (a message passes many connected nodes), collecting metadata, so who has read which message when or was with whom in contact, is made more difficult: As described above, the "routing" is "beyond" (cryptographic) routing.

And by using friends as Human Proxies, messages are also brought into a network route or end-to-end encryption by deputy senders, in which the message does not exist as a readable message, because it is sent as encrypted message and the cipher-text cannot be subjected to scan activities.

Another legal concept that is used in Germany and some other countries is disturbance liability. It says that a person or organization for violations can be held liable that are committed by third parties if it had the opportunity to prevent the violation.

In the context of the Internet, disturbance liability typically refers to the liability of Internet service providers (ISPs) or WLAN operators for copyright infringement, which are committed by third parties through their services.

If, for example, a third-party shares copyrighted material over a WLAN operator and this operator had the opportunity to prevent the injury, the operator could be seen liable for the injury.

However, disturbance liability is an equally controversial concept since it can lead to ISPs and WLAN operators are liable for actions that they have not committed directly. Some argue that this can lead to ISPs and WLAN operators are less motivated to provide open WLAN networks or offer services that could possibly be used by third parties for copyright infringement.

In Germany, the liability for disturbance was therefore reformed in 2017 to better protect ISPs and WLAN operators. The reform states that ISPs and WLAN operators can no longer be liable for legal violations that are committed by third parties through their services. Instead, they have to take appropriate measures to prevent the injury as soon as they are aware of it: „Host providers can block content more effectively and more precisely than other services that only convey or forward" (comp. Janal 2023).

The legal instrument of a so-called disturbance liability, in which a node is to be held responsible for disturbance, cannot apply because a proof of the existence of the use of a Human Proxies is hardly possible and this node is only forwarding ciphertext.

This initially describes modern developments in the history of ideas in information technology and requires a further analysis and discussion with regard to the security of information and measures against totalitarian mass surveillance and relevant interests that must be balanced in the light of proportionality and technical possibilities.

However, the pure forwarding of ciphertext has no meaning without any key-proof and furthermore no relevance if network traffic is fundamentally or increasingly encrypted.

5.5 - Is the Inner Envelope a copy or the original?

The Project Offsystem asked similar questions about technical, social, legal and philosophical aspects: who is responsible for a number?

Quoted from the project they reference their understanding of responsibility as follows:

„The Owner-Free Filing system (Offsystem, OFF) has often been described as a distributed system where no one breaks the law. A first brightnet.

OFF is a highly connected peer-to-peer distributed file system. The unique feature of this system is that it stores all of its internal data as meaningless multi-use data blocks. In other words, there is not a one to one mapping between a stored block and its use in a accessed file. Each stored block is simultaneously used to access many different files – achieved by the mathematical XOR-mechanism.

Individually however, each block is nothing but arbitrary digital white noise. No creative works, copyrighted or not, are ever communicated between OFF peers. Only meaningless blocks of arbitrary data.

For example: Think of the number twelve (12). It can be represented as five plus seven (5+7), or twenty-five minus thirteen (25-13). In this case the meaning is not in the numbers but in the relationship between the numbers. Taken individually the numbers 5, 7, 13 and 25 are never 12. And they don't in anyway contain 12.

If for some reason we were to allow 12 to be copyrighted by music industry, they would still have no claim on the numbers 5, 7, 13 and 25. I could still copy these numbers and pass them around as I saw fit. As long as I didn't copy the number 12, I should have no problems with the law.

So, what happens if you transmit the „formula" (5+7)? Are you allowed to do that? What about the formula (25-13)? What if you only transmit (5,7) or (25,13)? What is the „meaning" of these transmissions?" (Offsystem 2003).

While mathematical operations such as the XOR method equalize contexts and thus readability, meaning and responsibility in the Offsystem, this happens in the formation of ciphertext as well with cryptographic and thus mathematical algorithms.

It is an interesting discussion as to whether a node that forwards a number „5" and a number „7", but no number „12", can be held more responsible for meaning contexts with a number „12" as a node, which receives and forwards ciphertext without further transformation.

Rather, also much more the question of responsibility arises when a machine of a node controls another machine of another node - e.g., by an Inner Envelope?

Can this message sent then be seen as a copy or as an original?

The inner-envelope reference is the important term: It is not an inner-envelope problem nor an inner-envelope phenomena of Human Proxies.

It is known that A produces B(C(M)).

It is also known that B produces C(M).

If B also knows C, is C(M) a product of A or C?

It is a product of A because an oracle knows C(M).

An oracle will also know that it's possible for B to produce C(M) with slight variations (C'(M)). The oracle must then distinguish between C(M) and C'(M) and decide which is responsible for C reading M.

The oracle also must decide, which message the original is. The one from the sender or the one from the Human Proxy or some following Human Proxy.

Human Proxies ask these questions without a XORing of the message like the Offsystem would do. There is no need to display the binary data as a method of a simple recognizable mathematical operation. Here encrypted data is the result of the transformation.

Though Spot-On and the Human Proxy function with its Inner Envelope rises questions of responsibility and origin like transformed data of the Offsystem is doing, a message here is just the same as it is - with or without using a Human Proxy.

To what extent the send-out or forwarding of cipher-text frees from responsibility or instruments such as data retention, chat-control or liability for disturbance are sustainable influenced, has pronounced to be discussed.

Humane Proxies ask: Can a copy be responsible if the original cannot be found?

You could also ask who is responsible if a copy (intended) pretends to be the original. Or third parties think, because you will not find another original sender, that the copy is an original! - Or it is assumed the starting point B of an end-to-end encryption is the starting point A, because you cannot find or prove it or never have heard of Human Proxies.

Human Proxies do not ask like the Offsystem: could a potential mathematical operation make a reference for some parts to the original?

Human Proxies are network nodes that handle encrypted data packets.

5.6 - Human Proxies are currently the most modern because even the most complex remedies against mass-surveillance with totalitarian intentions

Human Proxies require the analysis of complexity: graphs (transmission routes) are not as they seem, time analyzes do not help and the encryption does the rest not to recognize the Inner Envelope and not being able to break the encryption itself, because inside one further encryption is waiting.

In particular, the encryption in combination with the network route creates a strength not only in the Echo protocol, but also the function of the Human Proxies benefits from it: The Human Proxy node - simply expressed – cannot read the message at all, that it forwards or is throwing newly into the electronic network system of nodes and mailboxes.

Figure 3: Further conclusions and constants, that can apply to Human Proxies

---

Further conclusions and constants,

that can apply to Human Proxies

- Aside from timing analysis, an observer will believe that A's message, B(R(M)), is intended for B. The actual message R(M), however, is intended for C.

- B cannot read C's message.

- B does not know that C is the recipient.

- In our second example, B and C are not paired and are therefore not aware of one another.

Friends become a SecureDrop (or also called Deaddrop) - a safe mailbox for the beginning of an end-to-end encryption.

SecureDrop (means: safe throw-in) is a free platform for safe communication between journalists and whistleblowers. The web application was originally developed under the name Deaddrop respective Strongbox by Aaron Swartz, James Dolan and Kevin Poulsen.

After the death of Aaron Swartz, the project was taken over by the Freedom of the Press Foundation in 2013 and continued under the name SecureDrop. There are now installations of various organizations, including The Guardian, The Washington Post, The Intercept, The New York Times, the Süddeutsche Zeitung and Heise publishing house.

In 2016, Securedrop received the FSF Award of the Free Software Foundation.

Human Proxies are not just about holding a physical or electronic throw-in letter-box, instead the concept goes far beyond: everyone can select a deputy in the network and use the computer respective node of a friend to send their message and thus create a new starting point for end-to-end encryption.

Human Proxies are therefore currently a most modern because even the most complex remedy for mass-surveillance with totalitarian intentions: the senders are not monitored, they can have a Human Proxy, route planning takes unpredictable routes because of the Echo protocol, it is a Beyond Cryptographic Routing given, that makes data retention almost impossible and because of the completely encrypted network traffic, surveillance can only come to findings very limited. Another development towards totalitarian societies because of technical monitoring will enable these three paradigms given in the encryption software Spot-On to handle further needs for research and development.

In addition, the further cryptographic innovations of this software will put the learning field of cryptography with numerous explorations and discussions on more modern foundations.

A paradigm existing in addition to the paradigm „Beyond Cryptographic Routing" - the idea of „Trepidation of Memory" - can be further developed into a paradigm of „Trepidation of Relationship" with the function and concept of Human Proxies. In addition to plausible deniability, a further fundamental discussion in the espionage of the secret services and their theoretical training bases will be initiated.

5.7 - From „Trepidation of Memory" to „Trepidation of Relationship"

In the book „Super Secreto" (2020), some developer thoughts for security in Textbrowser's application Spot-On were documented for the concept of „Trepidation of Memory": So far, a key pair - consisting of a private key and a public key - has been generated in asymmetrical encryption at the same time.

Now what if a lot of key pairs are generated and an attacker would have first to assign the public key to private keys? And now a time component such as in a timeline comes into the frame, so that the couple adaptation (from public and private key of an asymmetrical encryption) could fade and could get into a historical past?

There is only one time in space - speaking metaphorically - at which two asteroids collide - after that, both can no longer be identified as participants in the event, because too many individual parts in space are floating around or both objects are already far apart.

This, described in a nutshell, says the mathematical concept of „Trepidation of Memory" (op. cit).

This idea can also be referred to two participants in the software application Spot-On, who have eventually exchanged their public key in the past. The memory that we are friends may also be able to fade for external analysts if we do not communicate.

It is not possible for analysts and observers to read a network and friend lists that have been created at some point in the past. The project calls this „Trepidation of Relationship": the key exchange with a friend took place at some point in the past.

And now after times of silence and non-communicating, this old friend is reactivated and used as a Human Proxy. Not I myself will forward the letter to the recipient as the starting point, but the proxy-friend. Let us refer to this as an end-point „Start 2".

With Human Proxies, an „Alter Ego" has now been introduced comparatively, a second ego that is realized through a friend.

„Age Ego" (Latin for a second (other) I (from very familiar friends)) is a winged word and is used as a technical term in various areas of science and culture.

The term „Alter Ego" goes back to the Roman politician and philosopher Cicero, which around 44 BC in Laelius de Amicitia wrote: „verus amicus [...] est [...] tamquam alter idem" (21, 80): A true friend is also a second self. Cicero used a sentence by Zenos. Its original wording was taken up by Seneca the younger and changed there into the „alter ego" form used today. The name is therefore a winged word in many languages.

In communication psychology there is an Alter-Ego technique, also called doubling; A form of therapy or advice in which a moderator (e.g., communication psychologist) pronounces the possible „unconscious actions and thoughts or alternative possibilities" for one of the participants, and possibly stands behind the participant.

Alter Ego (identical to „doubles" in this sense) is in these methods of a structure-setup (respective also as „psycho-drama" described) is a name for the deputy of the protagonist (Sparrer 2006). If necessary, the „double" is representative of the protagonist in the scene and reflects and mirrors this person. This person can now look at the situation from an external point of view and better assess his own reactions or even gets shown alternatives.

Some will say that an avatar or nickname has been common on the Internet for years, but this is only to be considered like a nickname. It is a cosmetic label for the ego, but no other me. This means that those who stand behind an avatar, nickname or Twitter-name can be identified as quickly as whoever acts behind a regular IP-address.

A Human Proxy as an Alter Ego, on the other hand, introduces a new identity, which can also be plausibly denied from the own identity. This is important. Spy science is not only about the waterproof deniability, but also about being able to reactivate either old friends to help with any operations, but at the same time they can also be denied waterproof.

This deniablity of a human relationship either happens because of the fact, that it lays back very old in the past: A mother whose child grows up with her current husband may never reveal that she knew the neighbor who is the child's real biological father.

Deniability is also becoming increasingly safer if it also applies reciprocal: the sender of the message and the proxy can hardly compromise each other: the friend does not know that a message was sent to him, he served as a proxy. And the original sender did not throw the letter of the Human Proxy.

It is not reconstruct-able that the sender has provided one of his friends in the friends list with a check-box arrow before sending an end-to-end encryption so that his messages are sent over him. And vice versa, the new starting point 2 of an end-to-end encryption, the Human Proxy, first does not know that it was selected as a proxy, nor he still knows because of the encryption, which message content he forwards or sends new with the Inner Envelope.

A friend becomes a delegate, a double, a representative - a Human Proxy -, that gives the message into an end-to-end encrypted channel.

Because of the described circumstances of Trepidation of Relationship, it is not clear, who knows whom, who has whom on the list of friends and who has exchanged a key in the past to make a friendship, to be on the friend's list of friends. Also, the key of the friend cannot be linked to a current IP-address.

Because of the possible key exchange in the past, a friend can be unknown on the list of friends and at the same time becomes a sleeper that is only activated when it is used as a Human Proxy: Human Proxies can be resting deputies: It is reminiscent of the Secret Service Agent movie „Salt" with Angelina Jolie, when she realizes that a mole - that has been waiting for a long time - in the White House is bursting himself into the air in order to force the President into the protective cellar - so that another double agent can attack.

So how long should creation processes for key couples be monitored consisting of a public and a private key that were separated like Siamese twins after their creating? - In order to be able to recognize a public key according to its creation, which is stored in a friend list, if it is or could be used as a Human Proxy?

Data retention therefore does not only refer to used IP-addresses, to locations of human beings such as the storage of flight passenger data, but a requirement for data retention could also refer to the times for creating mutual public and private keys in this sense - to determine the use of a resting public key as a proxy and to be able to assign a private key?

- This is certainly very far thought, especially since the generation of keys for encryption cannot be checked totalitarian. However, the discussion about Trepidation of Relationship - in addition to the discussions about plausible deniability - can suggest this consideration if computers generate a variety of short-timed ephemeral keys and one of them is activated from distant past to create a Human Proxy.

The complete indexing of mankind is close. The same also applies to archiving people's health data, for example, for cohort analyzes over the coming centuries. The here technologically founded justification of a Human Proxy as an Alter Ego will increase in the future when it comes to wanting to extinguish stored aspects of oneself or not wanting to have them ascribed using a deputy to oneself, or cryptographic keys in the future should be captured centralized.

This use of proxies will not only be the case at the makro level of states, as has often happened so far that a third, intermediary state conveyed two warring parties or that events cannot be clearly assigned to initiators.

It will also play an increasing role on the micro level if personal behavior or individual identities should be free of attributions to opinions or deeds.

In particular at a level of the individual in the group or society (meso level), representatives will be necessary in the course of total indexation of mankind if people want to or have to emancipate themselves from „transmissions" as initiator and original sender, want to emancipate from old health data, want to delete that or want to use a representative when sending messages so that they in advance could not be applied or referenced to that.

Central to this future perspective is that electronic support will grow in the use of proxies. Humane Proxies stand therefore with their fundamental concept at the beginning of this development.

It is not just about secure the right to delete data. Numerous psychological processes will be referenced in this context if a person in his digital life wants to keep the option open to say: that was not me or that cannot be related to me. Please contact my Alter Ego - which you do not even recognize, could prove because of the Trepidation of Relationships, the use of a Human Proxy or a friend within the network or cannot come to question because of the use of encryption.

6 – When machines steer machines: Assess everyone as a proxy

Proxies are not only acting as a representative or shields in order not to be able to address referencing processes. Proxies may also be non-self-acting, but they can also be controlled.

A machine gives a signal for another machine, which then performs its service. This is trivial. We know it from numerous crime series on television: A blackmail can select a number with a phone that is supposed to trigger an explosion with a ringing in the distance.

This simple signal response model can be expanded into a more complex model, in which various sensors and parameters of two machines in each machine with a correspondingly assessing and in the context reacting algorithm can be used to let every single machine act:

- for example, as if two chess computers play against each other,

- two robots such as ATLAS or F.E.D.O.R. (comp. Zick 2017/2021) compete against each other in a boxing match (possibly also as a deputy for nations, whose combat result is generally accepted to avoid fallen soldiers),

- or if autonomous vehicles with various sensors carry out parameter ratings, whether an oncoming car is autonomous or human-controlled and could react differentiated in that sense and could react indefinitely in the initial assessment (compare the concept of „double contingency" according to Parsons 1971, Luhmann 1984).

Human Proxies in the model of the network and encryption program Spot-On previously presented are friends who, at the instigation, send a message in a new model of an end-to-end encryption.

If one transfers the properties of Human Proxies in a political, and social context in the case of any example of a proxy, the Inner Envelope paradigm would generally provide plausible deniability.

All actions are not assignable and the starting point of an end-to-end encryption is not the real, but a second one.

And yet a machine in a node steers the machine in another node.

It is therefore important to take in general into account that machines can have deputies - Humane Proxies.

Like an Inner Envelope (or fundamentally further encryption in encryption and multiple-encryption), a Human Proxy could always be considered when analyzing a network: every external viewer on a network must be in an Echo network with potentially existing Human Proxies now ask the question of whether he wants to take into account another level of reality respective a standing behind network node in the constellations of an extended network - or not.

So why shouldn't every friend in an Echo network assume that he is selected or misused as a representative? Because of the encrypted content, both will not be applicable.

Potentially, an owner of a node can feel discomfort having forwarded ciphertext, knowing nothing of it or seeing himself as a proud service provider.

Analysts of network nodes, network paths and encryption have to assume since the existence of Human Proxies in the Echo network that everyone might have used a deputy - every node can deny any reality („I as a node have not sent this Plaintext, it`s coming from a different reality") or just accept its reality („I, as a proxy, only sent for me unconscious cipher-text") or if a proxy itself uses a proxy to refer to a reality created in the future („Look at shipping from a third node that does not match with my shipping of an encrypted message, I am not the originator of the message").

This assumption that the other node can also be an original sender can lead to existentialist and recognition theoretical questions and considerations.

There could be another, second (or even third) reality of another node that could be behind it (compare, on the other hand, the assumptions of a prisoner in Plato's Allegory of the Cave).

Nobody - not even an external network analyst that has only a part of the network in view - can assume that a certain mailbox in the network of the communication system has been thrown in the message-letter - there could be other mailboxes.

Should anyone who is located in a cave (aka network node) assume that there are also other caves (aka network nodes)? Or has an unconscious, unknowing prisoner to be taken into account in every node (aka cave)?

Each network node can potentially get into the assumption to be an original sender of a message. It is Good News that can affect all and everyone.

The Good News no longer comes through the one original sender, and it no longer comes from a deputy. With the assumption that everyone can be an original sender or a proxy, the Good News can potentially be awarded to everyone.

Everyone becomes a deity potentially? - Nothing else says the Pan-Seism in all decentralized entities. Nothing else happens in an Echo network in which the participants can elect each other as a Human Proxy: everyone could be suspected as an originator of a message. We do not know whether it is Good News because of the encryption. Also remains unknown who has whom on his friends list (see „Trepidation of Relationship" above).

To put it with the music group Hot Chocolate: The title line „Everyone's a winner, Baby, that's the truth" could be changed to the line: „Everyone's a proxy, baby, that's the truth".

Sovereigns of interpretation and truths are thus transferred to everyone, and there is no longer a monopoly power that could clearly locate or assign an interpretation to only one network node. And this ambiguity is steered by another machine.

7 - Research and development perspective: proxifying proxied data (the meta level of Inner Envelopes) and the vision of interoperability of endpoints in communications

The program Tor (Dingledine et al. 2004) well-known for proxy chains has so far only provided the point-to-point respective of peer-to-peer forwarding of websites in the so-called onion routing: Every node can see what through it is forwarded.

A friend-to-friend network with encryption is safer: The Psiphone program enabled the establishment of a user, a friend, in a browser - before taken to further development and commercialization. This friend was able to surf the Internet with his browser via an encrypted connection through the friend's Psiphone instance with the IP-address of the friend (Deibert 2001).

From a proxy with a peer-to-peer respective point-to-point interface, a friend-to-friend architecture will be used here via an authorization concept, but without hiding the content of the accessed websites to the friend.

To define a dedicated friend out of a messenger as a proxy was as well here not possible so far, since it was a node installation - without a list of friends and there was no Inner Envelope that made it possible to encrypt end-to end.

Even the messenger system RetroShare, known for a friend-to-friend architecture, has no continuous end-to-end encryption. A packet is deciphered every time at every node by it. RetroShare is based on the Turtle Hopping protocol presented by Andre Tanenbaum et al. in which a chain of friends (instead of peers) each forward a packet, but also will unpack it, since only a point-to-point encryption is based on every hop (Retroshare 2023, Popescu, Crispo, Tanenbaum 2004).

So far, only the Steam Protocol of the Messenger Smoke has established continuous end-to-end encryption via different friends as well as peers and is therefore considered to be the most extensive new status of end-to-end encryption that can exchange its keys via the network (Smoke Documentation 2020, Moonlander 2020, Tenzer 2022).

End-to-End encrypted networks are the successor of peer-to-peer and friend-to-friend networks. The battle with the question if p2p or f2f is the better architecture for a network has been answered: it is an end-to-end encrypted network (which mostly encrypts a friend-to-friend network laying under it).

So, while the Steam-Protocol (end-to-end encryption via peers and friends) both, the protocol of the onion routing (point to point encryption via peers), also innovates the protocol of the turtle hopping (point-to-point encryption via friends), the protocol for Human Proxies goes one step further: it offers end-to-end encryption with deputies.

Another future perspective in this friend-to-friend continuously end-to-end encrypted chain can already be seen for further research and development: Human Proxies may be further enhanced.

For example, B may transform R'(M) into V(R'(M)) where V is B's proxy. A meta-level to the meta-level: A proxy through a proxy. Proxifying already proxied data describes the meta level of Inner Envelopes. There may exist Inner Inner Inner ... Envelopes, all with the same message, but sent from different start-points.

As the Inner Envelope may add infinitely envelopes and each network knot may have an own Human Proxy not only the encryption multiplies, but also the possible amount of sender and route options gets in a high complexity.

This is reminiscent of the Matrjoschka dolls: these are wood-made and colorfully painted, interlockable Russian dolls with a talisman character: there is another wooden doll in every wooden doll and so on. By the way, according to the Guinness Book of Records, the world record is 51 dolls that were stacked together and was set up in the USA in 2003.

So, what happens currently if one chooses within Spot-On two proxies at the same time? Will both proxies send the same message R'(M)?

In a single instance of Spot-On, that's currently not possible: If A sends D a message and B is A's proxy while C is B's proxy, B remains the proxy.

Multiple proxies require P x Q messages. P = participants and Q = proxies. Now, it's just P messages. P x Q is noted in the TO-DO because it's a next step of programming that.

That means: it is a research and development perspective to append proxies, to make a chain of proxies, e.g. in the case if a proxy uses also a proxy.

In TOR, a message is encased with multiple shells. So, suppose a node visits mit.edu. There are N number of shells between the node and mit.edu. The site mit.edu knows of one of the nodes. That node knows there are N - 1 nodes. It's perhaps more complicated.

Already now it is getting clear, in Spot-On, the message isn't shelled like in TOR, known as the onion routing: Instead within the Echo Protocol with Human Proxies B does not know that the message is intended for C. Suppose that B also transfers the message to D (B's proxy). The connection (which can be indirect, direct, or both) between B and D may surmise that B and D are familiar.

In such a Spot-On, one proxy probably de-proxies a message and perhaps re-proxies it. The new message is new. The routes remain unknown – because of the Echo. There is nothing in the proxied and de-proxied message which defines the next node.

The assignment of responsibility alone becomes complex if the second proxy sends an Inner Envelope of a first proxy. Who is then responsible, the original sender, the Human Proxy or the proxy of the proxy?

Conversely, can the proxy be assessed, for example, in terms of legal responsibility than if it is the originator of a message?

Is the first Human Proxy for the second, his own Human Proxy to be evaluated as if it were the original sender?

After all, the (owner of a) proxy can not only say, „I am a deputy", and therefore be not responsible, but he can also tell that he has a power of attorney to act.

What if the owner of a Human Proxy says that he was the last in the chain of proxies? He would be the first original sender, so to speak? (e.g., to protect the actual original sender).

Thus, the first Humane Proxy can, for example, affirm a sent message, because he did not know it in encrypted form. But he can also negate that message just as well. What effects does it have on its own Human Proxy and what effects it has on the original creator of the message?

With a friends-list in a messenger network, everyone can now use any other friend as a proxy. Everyone could be a Human Proxy for the other.

However, the protection or camouflage function of a proxy becomes multiple respective infinite and receives a characterization as you know from the Matrjoschka dolls.

New in this sense of endlessly expandable Inner Envelopes is that with simple means of a friends-list in a messenger the starting points of a graph-chain are redefined.

Another perspective is to turn a Human Proxy into a Zero-Proxy: Imagine, I want to query the URL Database of Spot-On through my node and have it query other nodes and get those results without having to share links.

A Zero-Proxy could work like this:

Query the Zero-Proxy like https://public-server:8085 style. That listener just sends the request on the Echo and other systems process it or don't and return results. Keys? „Public-server:port" is an alias. Doesn't need privacy for such requests as they're public. Want private? Choose a Local Host of course: VPS:8085 is not secret but my-server connected to VPS on 4710 is.

Here you don't need SSH and keys and distributions. You can get data by requesting it. If one would implement it – it would be another implemented idea.

Then your browser gets an answer or multiple answers. You don't know and don't need to know which protocols are in-between or needed to aggregate the data. It's just another type of message. So, who asks, what are Human Proxies? This is another Human Proxy function: a Zero-Proxy.

Let's think in terms of more generality: Can one do this?

This leads to a general approach of the Spot-On Encryption application: interoperability.

Spot-On introduced the concept of interoperability in communications: In Spot-On we find the vision of zero-specifics. This could be a model for all these other systems of communications too.

What's the goal for a communication app? To share a text message or to share a file like a picture? But where's the interoperability feature? Often None. Often Zero. What's that? Get a committee and agree on a protocol? All these lists and forums and zero push to get a bunch of people to create a protocol for everyone: Some want specifics because they think that creates security and features? It doesn't? Just imagine if TCP was non-interoperable. A City of Babel - that's what platforms and communication applications currently have created: self-contained systems with zero insight of anyone else. Self-censorship and that is loved. And sure, there is encryption, which also requires standardization: For some apps it's easier to copy and paste - in an already existing communication channel - encrypted messages converted by e.g., the Rosetta Encryption Pad, than to use any of these other encryption processes and applications.

Many of these applications: RetroShare, even Shareaza (because of the application and not the protocols), Signal, Telegram and also Tor - they're just open to themselves. No one can connect to these apps and share a file without this app installed.

Even E-Mail is tacky and broken by providers: Google closed their non-secure access to e-mail. New programs must include their targeted security features. Zero access from alternatives.

The idea of interoperability is for some teams to extend and use their software on a desktop next to a mobile?

The interoperability of an Echo application respective a node like Spot-On or the mobile application Smoke Messenger consists of being able to send a file from the application to a machine that doesn't speak this application. That's visionary and that's the idea of interoperability: Share it from multiple devices with and without Spot-On installed at one end. The startpoint respective the endpoint is not only a second one using a (Human) Proxy, it´s a zero one with even the application not installed, e.g. when you send a file from an Echo application just to a SSH end of a machine.

Don't want keys of your favorite app? Fine, optional. Spot-On does that. Some things are optional, some are not. That's the capability of the application.

In the Echo one can text through the application and play e.g. the game „QtChess" - encrypted with the other endpoint or not - without telling anyone that one is doing this over this application. Spot-On and the Echo provides this vision of interoperability of endpoints in communications already in reality.

That is much research and development perspective for the future. The current proposed model exists in Spot-On. Multiple proxies do not exist because that model is considered as a future model, that also could address websites or data besides messaging texts. One though also can bring a graphic with the base64 method to text and message that. With that even files can be messaged already proxied by Human Proxies.

For further research and development concerning proxifying a proxied message or data find the full specifications of the Human Proxy function in the programming of the application Spot-On and in the technical documentation. There it is explained in further detail next to this essay, with the now following short section about the effects of Human Proxies on end-to-end encryption.

8 - Human Proxies – A new direction and level for End-to-End encryption

End-A-to-end-Z encryption must be rethought when it turns out to be an end-B-to-end-Z encryption.

The Human Proxies function is also a continuous encryption, but the starting point of the encryption is either the sender node or its Human Proxy. This redefines end-to-end encryption.

The one end (aka „start") of end-to-end encryption can be a proxy without the encryption being broken. The recipient can also choose a proxy for his reply, so, that two endpoints are communicating that cannot be identified as endpoints.

There are two endpoints that communicate with each other via a deputy - without the encryption of the original end point being broken.

So far, cryptographic research has often dealt with re -encryption at the point of a proxy (Ivan /

Dodis 2003, Green / Ateniese 2007, Tang et al. 2008, Mao et al. 2018). Now encryption should be considered consistently at a proxy.

As we have seen in Figure 3, there may be constellations for an end-to-end encryption in which the start and end point does not know each other. If the recipient of a message also responds via a Human Proxy, then we speak of reciprocal but asymmetrical start-to-end encryption (RASE encryption).

As said, the Inner-Envelope thought surpasses all the humans not yet discovering the Human Proxies approach within the combination of encryption specifications and network specifications.

9 – Didactic questions

Optionally, please note, discuss, and answer in educational situations these exemplary questions for further presentations, summaries or learning and research requests.

(1) Look at the file transfer in the Smoke Messenger and explain the end-to-end encryption.

(2) Discuss the advantages and risks of indexing people.

(3) Excuse or freed the statement of a carrier, not to have known, who he brought where, from his responsibility - as some involved in Nazi Germany later said or specifically, pretend to not knowing, that Jews were brought to a concentration camp? Pretending not knowing that they were a part of the totalitarian system?

(4) Is double contingency if a network node can potentially be thought of as a proxy?

(5) Explain the concept of Trepidation of Memory.

(6) Explain the Steam-protocol and its advantages for the programs Tor or RetroShare.

(7)   Explain what plausible deniability is and how Humane Proxies create it.

(8)   Create a concept for the message forwarding, in which a Human Proxy can choose another Human Proxy.

(9)   Do transformed data have a reference to the original data?

(10) As a rule, the Transmitter of a Message is hung, according to a phrase of the people. With which right can a holding or delivering person be made responsible for a message, while the originator of a message is someone else?

(11) In which everyday situations could anyone use a deputy?

(12) Is a deputy responsible if he didn't know which message he will forward?

(13) Can the endpoint be held responsible for negative, unwanted or malicous messages or is the message sender responsible?

(14) Can the reality perception of a prisoner in the cave according to Platon referenced with the reality perception of an owner of a node that forwards an encrypted message as a proxy?

(15) With which code controls the software Spot-On a different network node?

(16) Name a politically explosive, real or fictional example in which the use of a proxy can be relevant.

(17) Are deputies responsible for a power of attorney without acknowledgment?

(18) What does the concept „Beyond Cryptographic Routing" say?

(19) What can be said about the concept of Trepidation of Relationship?

(20) What are the basic elements of the Echo?

(21) Which instruments exist for mass surveillance and for what reasons are they viewed critically?

(22) What are the means to avoid mass surveillance?

(23) What role do the hash procedure play in the Echo protocol?

(24) Which benefits can be handled via a proxy and why should a proxy be used?

(25) Draw and explain two different graphs, each with a Human Proxy and explain the differences between the two.

(26) Show and explain the Human Proxies function based on a running Spot-On instance. What other functions of the application can be related?

(27) What is the provided vision of Spot-On regarding interoperability of endpoints in communications?

References

Ateniese, G. / Benson, K. / Hohenberger, S. (2009): Key-private proxy re-encryption, in: Topics in Cryptology - CT-RSA 2009 The Cryptographers' Track at the RSA Conference 2009, San Francisco, CA, USA, 20 - 24 April, Proceedings, pp. 279–294.

Berge, Claude (1958): Théorie des graphes et ses applications (in French), Paris: Dunod.

Black, Michael (2013): When I first heard of GoldBug – Review of GoldBug Secure Instant Messenger, URL: http://www.lancedoma.ru/, 29 Oct.

Bollobás, Béla (2002): Modern Graph Theory, Springer.

Breyer, Patrick (2005): Die systematische Aufzeichnung und Vorhaltung von Telekommunikations-Verkehrsdaten für staatliche Zwecke, Berlin.

Breyer, Patrick (2005): Telecommunications Data Retention and Human Rights - The Compatibility of Blanket Traffic Data Retention with the ECHR, European Law Journal, 11 (3): 365–375.

Bro Theo's (Hg.): Lexikon der Informatik, Datenverarbeitung und Kryptographie - Knoff-Hoff a Niffi, Niffum et Niffo: Mit über 1000 Übungs-Aufgaben für Lernende, ISBN 978-3758368158.

BSI / Bundesamt für Sicherheit in der Informationstechnik (2021): Moderne Messenger – heute verschlüsselt, morgen interoperabel?, Bonn.

Chakravarty, Sambuddho / Portokalidis, Georgios / Polychronakis, Michalis / Keromytis, Angelos D. (2015): Detection and analysis of eavesdropping in anonymous communication networks, in: International Journal of Information Security, 14, 201506, 205.

Choi, Jinchun / Abuhamad, Mohammed / et al. (2020): Understanding the Proxy Ecosystem: A Comparative Analysis of Residential and Open Proxies on the Internet, IEEE Access, 8, 111368.

Collier, Jamie (2017): Proxy Actors in the Cyber Domain - Implications for State Strategy, in: St. Antony`s International Review 13, No 1, pp. 25-47.

Deggerich, Markus (2001): „Diese Spende hat es nicht gegeben", Der Spiegel, 22.06.

Deibert, Ronald (2001): Psiphone - https://de.wikipedia.org/wiki/Psiphon.

Diestel, Reinhard (2010): Graphentheorie, Berlin.

Dingledine, Roger / et al. (2004): Tor - The Second-Generation Onion Router, in: Proceedings of the 13th USENIX Security Symposium, August 9 - 13, 303–320.

Edwards, Scott / Spot-On.sf.net Project (Eds.) (2019): Communicating like dolphins with Spot-On Encryption Suite: Democratization of Multiple & Exponential Encryption; Handbook and User Manual as practical software guide with introductions into Cryptography, Cryptographic Calling and Cryptographic Discovery, P2P Networking, Graph-Theory, NTRU, McEliece, the Echo Protocol and the Spot-On Software, ISBN 9783749435067.

Everling, Oliver (2020): Social Credit Rating - Reputation und Vertrauen beurteilen, Springer Gabler.

Gasakis, Mele / Schmidt, Max (2018): Beyond Cryptographic Routing: The Echo Protocol in the new Era of Exponential Encryption (EEE) – A comprehensive essay about the Sprinkling Effect of Cryptographic Echo Discovery (SECRED) and further innovations in cryptography, ISBN 978-3-7481-5198-2.

Gaylin, Willard / Macklin, Ruth (1982): Who Speaks for the Child: The Problems of Proxy Consent, Springer Science & Business Media.

Green, M. / Ateniese, G. (2007): Identity-based proxy re-encryption, in: Katz, J. / Yung, M. (Eds.) ACNS 2007, LNCS, vol. 4521, Springer, Heidelberg, pp. 288–306.

Hansel, Mischa (2022): Cybernormbildung in den Vereinten Nationen - Welche Rolle spielt der asymmetrische Gebrauch von Proxies? in: Zettl, Kerstin / Harnisch, Sebastian / Hansel, Mischa (Hg.): Asymmetrien in Cyberkonflikten - Wie Attribution und der Einsatz von Proxies die Normentwicklung beeinflussen, Nomos, p. 201-228.

Ivan, A.A. / Dodis, Y. (2003): Proxy cryptography revisited, in: NDSS.

Janal, Ruth: Gutachten zur Bedeutung der EuGH-Entscheidung YouTube und Cyando für Diensteanbieter der Informationsgesellschaft, die keine Host Provider sind, im Auftrag der Gesellschaft für Freiheitsrechte e.V., 2023, URL: https://freiheitsrechte.org/uploads/publications/2023-02-03_Janal_Gutachten_DNS-Resolver-final.pdf

Jungnickel, Dieter (1994): Graphen, Netzwerke und Algorithmen, Mannheim.

Kahle, Christian (2020): GoldBug-Messenger im Interview: Ende-zu-Ende-Krypto unter Beschuss - Verbot ist technisch aber Unsinn, 28.11.2020, URL: https://winfuture.de/news,119739.html.

Kalathas, Ollie (2022): The Social-Credit System in China: A Deeper Understanding, 22. March.

Kärtner, Jurit: Das Problem der doppelten Kontingenz als Ausgangsproblem des Sozialen und der soziologischen Theorie. Vorschlag zu einer Systematisierung der soziologischen Systemtheorie Niklas Luhmanns. In: Zeitschrift für theoretische Soziologie 4/1(2015), p. 60–88.

Lindner, Mirko (2014): POPTASTIC: Verschlüsselter Chat über POP3 mit dem GoldBug Messenger, Pro-Linux, URL: http://www.pro-linux.de/news/1/21822/poptastic-verschluesselter-chat-ueber-pop3.html, 9. Dezember.

Luhmann, Niklas (1984): Soziale Systeme, Frankfurt.

Madore, David (2000): Method of free speech on the Internet: random pads, URL: http://www.eleves.ens.fr:8080/home/madore/misc/freespeech.html

Mao, Xianping / Li, Xuefeng / et al. (2018): Anonymous Attribute-Based Conditional Proxy Re-Encryption; in: Au, Man-Ho / Ming You, Siu / et al. (Ed.): International Conference on Network and system security - 12th International Conference, NSS, Hong Kong, p. 95-110.

Maurer, Tim (2018): Cyber Proxies and Their Implications for Liberal Democracies, in: The Washington Quarterly, 41:2, 171-188.

McKeague, Jonathan / Curran, Kevin (2018): Detecting the Use of Anonymous Proxies, in: International Journal of Digital Crime and Forensics (IJDCF), 10, 20180401, 74.

Miller, Shane / Curran Kevin / Lunney, Tom (2021): Identifying the Use of Anonymising Proxies to Conceal Source IP Addresses, in: International Journal of Digital Crime and Forensics (IJDCF), 13.

Moonlander, Casio (2020): Smoke - An Android Echo Chat Software Application: Personal Chat Messenger / Open Source Technical Website Reference Documentation 2020-11-15.

Mulvin, Dylan (2021): Proxies - The Cultural Work of Standing In, MIT Press Ltd.

Nakanishi, Junya / Sumioka, Hidenobu / Ishiguro, Hiroshi (2016): Impact of Mediated Intimate Interaction on Education - A Huggable Communication Medium that Encourages Listening in: frontiers in Psychology, 19. April, p. 84ff.

National Security Council: Directive on Covert Operations, NSC 5412, National Archives, RG 273.

Nomenclatura (2019): Encyclopedia of modern Cryptography and Internet Security: From AutoCrypt and Exponential Encryption to Zero-Knowledge-Proof Keys, ISBN: 978-3748191513 & ISBN: 9783746066684.

Offsystem (2003): OFF System Introduction about Brightnets, Owner-Less Data and Multi-Use Data, URL: http://offsystem.sourceforge.net/.

Parsons, Talcot (1971): The System of Modern Societies.

PCWelt Magazin / Joos, Thomas (2014): Sicheres Messaging im Web, URL: http://www.pcwelt.de/ratgeber/ Tor__l2p__Gnunet__RetroShare__Freenet__GoldBug__Sp

urlos_im_Web-Anonymisierungsnetzwerke-8921663.html,
01. Oktober.

Plato (514a–520a): The Allegory of the Cave, from The Republic at
University of Washington – Faculty.

Poe, Edgar Alan (1843): Goldbug.

Popescu, Bogdan C. / Crispo, Bruno / Tanenbaum, Andrew S.
(2004): Safe and Private Data Sharing with Turtle: Friends
Team-Up and Beat the System, in: 12th International
Workshop on Security Protocols, Cambridge, UK,
April.URL: http://turtle-
P2P.sourceforge.net/turtleinitial.pdf.

Rattray, Gregory J. / Healey, Jason (2011): Non-state actors and
cyber conflict, in: Lord, Kristin M. / Sharp, Travis (Ed.):
America's Cyber Future - Security and Prosperity in the
Information Age, volume 2.

Reda, Felix: Die Störerhaftung ist tot, lang lebe die Störerhaftung,
VerfBlog, 2023/2/07,
https://verfassungsblog.de/storerhaftung/.

RetroShare (2023): https://en.wikipedia.org/wiki/Retroshare

Reuter, Markus (2021): Client-Side-Scanning: Berühmte IT-
Sicherheitsforscher:innen warnen vor Wanzen in unserer
Hosentasche. 16. Oktober, URL:
https://netzpolitik.org/2021/client-side-scanning-
beruehmte-it-sicherheitsforscherinnen-warnen-vor-
wanzen-in-unserer-hosentasche/

Rösler, Paul / Schwenk, Jörg (2023): Interoperability between
Messaging Services - Secure Implementation of
Encryption, Study for the Federal Network Agency, 28.4.

Rosenbach, Marcel / Stark, Holger (2011): Staatsfeind WikiLeaks - Wie eine Gruppe von Netzaktivisten die mächtigsten Nationen der Welt herausfordert, München.

Schillinger, F. / Schindelhauer, C. (2019): End-to-End Encryption Schemes for Online Social Networks, in: Wang, G. / Feng, J. / Bhuiyan, M. / Lu, R. (Eds.): Security, Privacy, and Anonymity in Computation, Communication, and Storage, SpaCCS 2019, Lecture Notes in Computer Science, vol 11611, Springer.

Sivananda, Swami (1974): Practice of Karma Yoga.

Smoke Documentation (2020): Smoke Messenger - https://github.com/textbrowser/smoke.

Snowden, Edward (2019): Permanent Record, Macmillan.

Sparrer, Insa (2006): Systemische Strukturaufstellungen - Theorie und Praxis, Carl-Auer-Verlag, Heidelberg.

Spot-On (2011): Documentation of the Spot-On-Application, URL: https://sourceforge.net/p/spot-on/code/HEAD/tree/, under this URL since 06/2013, Sourceforge, including the Spot-On: Documentation of the project draft paper of the pre-research project since 2010, Project Ne.R.D.D., Registered 2010-06-27, URL: https://sourceforge.net/projects/445nerdd/ has evolved into Spot-On. Please see http://spot-on.sf.net and URL: https://github.com/textbrowser/spot-on/blob/master/branches/Documentation/RELEASE-NOTES.archived, 08.08.2011.

Spot-On (2023): Documentation of the Spot-On-Application, URL: https://github.com/textbrowser/spot-on/tree/master/branches/trunk/Documentation, Github 2023.

Spot-On Encryption Suite (2019): Democratization of Multiple & Exponential Encryption: - Handbook and User Manual as practical software guide, ISBN: 978-3749435067.

Sundermann, Judith (2021): Chinas Social Credit System - Eine Betrachtung mit Luhmann, Bentham und Foucault, GRIN Verlag.

Tang, Qiang / Hartel, Pieter / Jonker, Willem (2008): Inter-domain Identity-based Proxy Re-encryption, Verlag University of Twente, Centre for Telematics and Information Technology (CTIT).

Tenzer, Theo (2022): Super Secreto - The Third Epoch of Cryptography: Multiple, exponential, quantum-secure and above all, simple and practical Encryption for Everyone, ISBN 978-3755761174.

Voß, Klaas (2014): Washingtons Söldner - Verdeckte US-Interventionen im Kalten Krieg und ihre Folgen, Hamburg.

Zettl, Kerstin (2022): Der Einsatz von Cyberproxies zur Wahrung autokratischer Regimesicherheit – Iran und Nordkorea im Vergleich, in: Zettl, Kerstin / Harnisch, Sebastian / Hansel, Mischa (Hg.): Asymmetrien in Cyberkonflikten - Wie Attribution und der Einsatz von Proxies die Normentwicklung beeinflussen, Nomos, p. 69 – 104.

Zick, Thomas (2017): Beunruhigend - Russischer Roboter F.E.D.O.R. trainiert mit Waffen, Winfuture, 19.4., URL: https://winfuture.de/videos/Hardware/Beunruhigend-Russischer-Roboter-trainiert-mit-Waffen-17680.html

Zick, Thomas (2021): Roboter ATLAS, URL: https://winfuture.de/videos/Hardware/Boston-Dynamics-Atlas-Roboter-zeigt-beeindruckende-Parkour-Skills-22993.html

Humane Proxies in kryptographischen Netzwerken

Zur Etablierung einer neuen Ausrichtung der Ende-zu-Ende-Verschlüsselung mit der Einführung von...
Inner Envelopes im Echo-Protokoll

Uni Nurf

(übersetzt aus dem Amerikanischen von Ruth Schlesinger)

Zusammenfassung:

Humane Proxies etablieren eine neue, richtungsweisende Methode zur Ende-zu-Ende-Verschlüsselung: Ende-A-zu-End-Z-Verschlüsselung muss überdacht werden, wenn sich herausstellt, dass es sich um eine Ende-B-zu-Ende-Z-Verschlüsselung handelt. Und: Humane Proxies werfen Fragen auf, die bislang weder von Wissenschaft und Journalisten, noch von der Öffentlichkeit beantwortet wurden.

Reguläre Proxies in einem Netzwerk leiten Internet-Anfragen weiter, z.B. zum Herunterladen einer Webseite. Außerdem werden in politischen und sozialen Umgebungen oft ein Proxy als Zwischenmensch, Stellvertreter oder Repräsentant mit einer ähnlichen, übertragbaren Funktion angegeben.

Humane Proxies ermöglichen nun innerhalb der Verschlüsselungs- und Messenger-Anwendung Spot-On, einen Freund als Humanen Proxy zu wählen.

Das Spot-On-Programm ist eine äußerst moderne und ausgearbeitete Verschlüsselungssuite für mehrere Betriebssysteme und bietet viele Innovationen in der angewandten Kryptographie. Es bildet auf der Basis des Echo-Protokolls ein kryptografisches Netzwerk ab, das über ein rein kryptografisches Routing hinausgeht.

Mit der Funktion von Humanen Proxies sendet darin nun ein Freund aus der Freundesliste des Messengers die Chat-Nachricht anstelle des ursprünglichen Absenders.

Das Konstrukt des „Inneren Briefumschlages" (englisch: Inner Envelope) hinter der Humanen Proxy-Funktion schafft dabei auch neue kryptografische Herausforderungen, ermöglicht plausible Abstreitbarkeit für einbezogene Knotenpunkte und bietet neue Perspektiven in der Verschlüsselung, deren Analyse und Entschlüsselung:

Da alle Nachrichten im Netzwerk verschlüsselt sind, ist die Ende-zu-Ende-Verschlüsselung neu definiert und erhält mit Humanen Proxies einen potenziellen zweiten und plausibel abstreitbaren Startpunkt.

In dem Aufsatz in diesem Buch werden einige entsprechende Aspekte Humaner Proxys und deren Referenzen auf Verschlüsselung, Netzwerke, Graphentheorie und vergleichbare soziale und politische Prozesse von Proxys erörtert.

Dies führt zu einem weiteren allgemeinen Ansatz: Endpunkte in der Verschlüsselung werden durch die Anwendung Spot-On mit der Vision der Interoperabilität von Endpunkten in der Kommunikation ausgestattet.

1 - Einführung in Humane Proxies

Die Encryption Suite Spot-On verschlüsselt nicht nur Chat, E-Mail und Dateien sowie die Web-Suche in einer verteilten, jedoch nur lokal durchsuchbaren URL-Datenbank, indem sie ein Netzwerk an verschüsselnden Netzwerk-Knoten etabliert. Die Software-Applikation hat darüber hinaus neben zahlreichen weiteren kryptographischen Innovationen nun weiterhin zu Beginn des Jahres 2023 die Funktion von Humanen Proxies eingeführt:

Die Funktion Humaner Proxies ist ein weiterer entwickelter Aspekt des interessanten Echos und seines Protokolls (Spot-On 2013).

Ein Proxy ist generell eine Kommunikationsschnittstelle in einem Netzwerk aus Rechnern: ein Ausgangspunkt bzw. eine Durchleitung bzw. Weiterleitung von Nachrichten und Daten im Internet anstelle der originären Adresse, z.B. der IP-Adresse.

Der Begriff Proxy leitet sich aus dem lateinischen Wort „Procuratorem" ab und bedeutet „sich um etwas zu kümmern" oder mit alternativen Begriffen, ein „Vertreter", ein „Delegierter", eine „zwischenzeitliche Besetzung" oder einen „Agenten" zu sein.

Der Proxy arbeitet also als Vermittler, der auf der einen Seite Anfragen entgegennimmt, um dann über seine eigene Adresse eine Verbindung zur anderen Seite herzustellen. Das ist eine übliche Grundlage des Internets.

Wird der Proxy als Netzwerkkomponente eingesetzt, bleibt einerseits die tatsächliche Adresse eines Kommunikationspartners dem jeweils anderen Kommunikationspartner verborgen. Das schafft eine gewisse Anonymität. Zugleich ist ein Proxy auch ein Schutz-Schild nach außen hin, um Angriffe an seiner (dieser) Stelle abzuwehren und interne, hinter ihm liegende Knotenpunkte zu schützen.

Bei der Implementierung in der Encryption Suite Spot-On wird ein Freund in der Freundesliste des Messengers als Proxy durch den Sender der Nachricht definiert. Ein Nutzer bzw. Sender kann so über einen weiteren Freund die Nachricht an den Empfänger senden.

Ebenso ist die Funktion in dem Messenger GoldBug vorhanden, der eine einfachere graphische Benutzeroberfläche des Spot-On Programes bietet. Mit dem Namen GoldBug ist der Messenger eine Reminiszenz an den Schriftsteller Edgar Alan Poe, der die gleichnamige Kurzgeschichte erzählt um ein sog. Kryptogramm - ein verschlüsseltes Rätsel - in dem drei Freunde einbezogen sind (PC-World Magazin / Joos 2014, Kahle 2020, Poe 1843).

Da in dem Messenger-Netzwerk ausschließlich verschlüsselte Pakete versandt werden, ist für den Proxy-Knotenpunkt nicht ersichtlich, welchen Inhalt dieser weiterleitet bzw. erneut sendet.

Damit verbundene Aspekte und Sachverhalte wie die Besonderheit der genutzten (Multi)-Verschlüsselung und das im Netzwerk verwandte Echo-Protokoll sollen im Folgenden erläutert werden wie auch der Fragestellung nachgegangen werden, inwieweit Humane Proxies die Ende-zu-Ende Verschlüsselung neu definieren bzw. auf eine neue Ebene heben.

Denn: Mit Human Proxies wird der Endpunkt einer Ende-zu-Ende Verschlüsselung - ohne Decodierung bzw. Aufbrechen der Verschlüsselung - an einen anderen End- bzw. Start-Punkt gelegt. Ein „Inner Envelope" mit derselben (verschlüsselten) Nachricht (innerhalb einer Nachricht des originären Senders) ermöglicht den Versand der Nachricht (weiterhin im verschlüsselten Cipher-Text) aus einem anderen, durch den Sender definierten Knotenpunkt heraus:

Ein Freund aus der Messenger-Freundesliste des Senders übernimmt den Versand anstelle des originären Senders.

Dieses bietet nicht nur Gelegenheit für eine Diskussion von technischen, sozialen und rechtlich-philosophischen Fragestellungen, sondern das Konstrukt des „Inner Envelope" erzeugt auch neue kryptographische Herausforderungen und bietet neue Perspektiven in der Verschlüsselung, deren Analyse und in der Entschlüsselung an.

Insbesondere die Ende-zu-Ende-Verschlüsselung erfährt eine kopernikanische Wende: der Endpunkt eines Graphen im Netzwerk ist nicht mehr der Endpunkt, über den wir reden. Der Sender kann ein beliebiger End- bzw. Startpunkt im Netzwerk mit Humanen Proxies sein.

Sein Beziehungsgeflecht (z.B. zu einem als Humanen Proxy fungierenden Freund) kann im externen Blick auf das Netzwerk unbekannt bleiben, weil der Schlüsselaustausch in der Vergangenheit liegt und dieser Freund im Netzwerk bislang gar nicht in Erscheinung getreten sein muss, bis er schließlich adressiert wird.

Doch dazu in einem späteren Abschnitt.

Schauen wir uns zunächst die Grundlage des verschlüsselten Netzwerkes an: das Echo und welche Rolle einzelne Routen im Netzwerk für eine Betrachtung in der Theorie der Graphen einnehmen können.

2 - Graphen-Theorie und das Echo-Protocol

Einzelne Nutzer bzw. Knotenpunkt-Instanzen oder auch Server innerhalb des Spot-On-Programmes sind über das im Netzwerk etablierte Echo-Protokoll verbunden.

Echo bedeutet vereinfacht, dass ein Nutzer ein verschlüsseltes Paket an alle ihm verbundenen Nutzer bzw. Knotenpunkte weiterleitet. So wie man in den Wald (aka Knotenpunkt) hineinruft, schallt das Echo auch wieder (an alle) heraus.

Jede Instanz versucht mit allen in ihr lokal vorhandenen Schlüsseln ein jegliches, vorbeikommendes Paket zu entschlüsseln und auszupacken. Dieses ist erfolgreich, wenn aus dem Ciphertext des gesandten bzw. eingehenden Paketes ein lesbarer Originaltext (auch Plaintext genannt) entsteht: dann war der Schlüssel passend und der Entschlüsselungsversuch erfolgreich.

Dieses ist der Fall, wenn der entschlüsselte Text über einen Hash-Wert, als der ursprüngliche Plaintext identifiziert wird. Der Hash ist eine eindeutige, kurze Zeichenfolge, die aus einem Gesamt-Text abgeleitet wird, aber nicht umkehrbar ist, also nicht wieder in den Gesamttext rückverwandelt werden kann. (Der Hash-Wert wird im Programm Spot-On dem verschlüsselten Paket beigelegt und da die Hash-Funktion nicht umkehrbar ist, schadet das der Verschlüsselung nicht).

Damit ist das Echo im Netzwerk auch immer im Bezug zu einer analysierbaren Graphen-Gestaltung zu sehen.

Ein Graph ist in der Graphentheorie eine abstrakte Struktur, die eine Menge von Objekten zusammen mit den zwischen diesen Objekten bestehenden Verbindungen repräsentiert: umgangssprachlich vereinfacht also eine Route als Wege-Plan über verschiedene Stationen (Berge 1958, Jungnickel 1994, Bollobás 2002, Diestel 2010).

Wenn alle Knotenpunkte an alle verbundenen Knotenpunkte ein Paket weiterleiten, dann nimmt ein Paket bzw. eine Nachricht immer eine ganz individuelle Netzwerkroute, die sich als Graph im Netzwerk darstellen lässt, bis es den Empfänger erreicht. Und letztlich wird eine Nachricht an vielen Netzwerknoten vorbeikommen.

Dass doppelte (redundante) Pakete - also Nachrichten, die schon einmal in dem Knotenpunkt vorbeigekommen sind und bei denen mit allen bekannten Schlüsseln versucht wurde, eine Nachricht auszupacken und zu entziffern - nicht ein weiteres Mal einem Entschlüsselungsversuch unterzogen werden, dafür sorgt in jedem Knotenpunkt eine spezifische Funktion namens „Congestion Control".

Anhand der Ermittlung eines Hash-Wertes für das Paket weiß der Knotenpunkt, ob dieses Paket mit genau diesem Hashwert schon einmal analysiert wurde. Wenn das der Fall ist, wird nicht nochmal eine Prüfung mit allen Schlüsseln durchgeführt.

So wird mit dieser Funktion namens Congestion Control die Prozessions-Last reduziert und damit der Arbeitsaufwand für die

Entschlüsselungsversuche in jedem Knotenpunkt minimiert.

Das Echo-Protokoll ist ausführlich in der technischen Dokumentation (Spot-On 2013) und in Handbüchern zum Spot-On-Programm dokumentiert (Edwards & Project 2019).

Bildlich beschrieben handhabt das Programm Spot-On also einen Stapel mit Briefumschlägen, die verschlüsselte Nachrichten-Pakete darstellen.

Aufgrund der Verschlüsselung und aufgrund der Tatsache, dass die Pakete mit dem beigelegten Hash-Wert der Original-Nachricht jeweils lokal einem Entschlüsselungsversuch unterzogen werden, weiß ein externes Monitoring also nicht, ob die ggf. lesbare Nachricht für diesen Knotenpunkt bestimmt war.

Indem eine Nachricht das Netzwerk flutet und viele Knotenpunkte durchläuft, ist eine Analyse von Metadaten zudem erschwert.

Denn auch lesbare Nachrichten können wieder eingepackt werden und wiederum an alle verbundenen Knotenpunkte weitergeleitet werden.

Die Weiterleitungen sind vergleichbar mit dem Entnehmen einer Wasserprobe in einer Flaschenpost aus dem Fluss, die - so wie sie war - wieder in den Fluss bzw. das Netzwerk gegeben wird. Ob jemand aus der Analyse der Wasserprobe Schlüsse ziehen kann, eine Botschaft entziffern kann, kann kaum überwacht werden. Metadaten fallen nicht an, Entschlüsselungsversuche bleiben lokal unbeaufsichtigt. Die Wassermenge in der Flaschenpost macht sich auf zum nächsten Anwohner am Fluss, der diese Wasserprobe in der Flasche entnimmt, analysiert und wiederum in den Fluss zurückgibt.

3 - Die Einführung von Proxies in der Freundes-Liste in einem Messenger

Der Messenger bzw. das Verschlüsselungs-Programm Spot-On ist Pionier in der Multi-Verschlüsselung sowie der Quantum-Computing sicheren Verschlüsselung mit dem McEliece-

Algorithmus und hat wesentliche Innovationen in der Kryptographie erstellt und dokumentiert: wie das verschlüsselte Messaging über E-Mail-Server (POPTASTIC mit EPKS (Echo Public Key Sharing, bzw. später in anderen Implementationen auch AutoCrypt genannt (Adams 2016, Lindner 2016)). Dabei tauschen zwei Freunde die öffentlichen Schlüssel einer asymmetrischen Verschlüsselung automatisch aus und sichern den Kanal ab).

Oder auch das Cryptographic Calling, womit ein Kanal zur Verschlüsselung durch neue Schlüssel (auch symmetrischer Art) versehen wird bis hin zu der Nutzung von kurzzeitigen (ephemeralen) Schlüsseln wie den Secret Stream Schlüsseln (Spot-On 2011, Gasakis / Schmidt 2018, Tenzer 2022).

Nun hat die Datei- und Kommunikations-Verschlüsselung Spot-On seine Freundesliste standardmäßig mit einer Check-Box vor einem Freund auf der Freundesliste versehen. Mit nur einem Klick kann ein Freund - sofern er online ist - als Proxy für ausgehende Chat-Nachrichten und Daten genutzt werden.

Natürlich gibt es bereits verschiedene Proxy-Programme für das Web und manche mögen auch ein Berechtigungskonzept haben. Nutzer benötigen Zugangsdaten, um diese regulären Proxies mit der eigenen IP-Adresse nutzen zu können, um dann mit der IP-Adresse des Proxies weiter zu agieren.

Auch mag ein regulärer Proxy verschiedene Überwachungsfunktionen haben. So z.B. bei einem Proxy für Webseiten wird aufgezeichnet, welche URLs aufgerufen wurden. Oder es wird gar eine lokale Kopie einer Webseite bereits in seinem Cache bereithalten und anstelle der aktuellen Originalseite gesandt.

Damit hat der Betreiber eines offenen regulären Proxys nahezu die volle Kontrolle über alle Verbindungen, kann dabei Daten aufzeichnen und beliebige Webinhalte sogar fälschen, ohne dass der Anwender davon etwas bemerkt.

Reguläre Proxies, die auf einem Friend-to-Friend-Netzwerk aufbauen sind kaum etabliert. Auch hier käme es bei den Prozessen auf Vertrauen in den Freund an und die Verbindungen wären wahrscheinlich auch nicht Ende-zu-Ende verschlüsselt.

Humane Proxies im Echo-Netzwerk kennen hingegen nur verschlüsselte Pakete. Sie hosten diese auch nicht, sondern leiten sie wie jeder Internet-Knoten, so wie sie sind, - mit oder ohne gelungenem Entschlüsselungsversuch - einfach nur weiter.

Und: die Knotenpunkte der Humanen Proxies benötigen auch keine inhaltliche Wertung des verschlüsselten Paketes bzw. Briefes. Zumindest können sie die Briefe, die sie weiterleiten, nicht lesen, weil sie ja verschlüsselt sind. Ein Vertrauens-Konzept ist nicht erforderlich.

Humane Proxies sind also Proxies, die auf einem Friend-to-Friend-Netzwerk basieren. Sie verarbeiten verschlüsselte Daten, so dass der Freund bzw. Proxy keine Nachrichten lesen kann. Aber dennoch besteht eine Ende-zu-Ende Verschlüsselung zwischen dem verdeckten (originären) Sender und Empfänger einer Nachricht.

Und schließlich, die Nachrichten erreichen den Proxy über eine Graphen-Gestaltung des Weges im Netzwerk, die auf der Komplexität des Echo-Protokolls und seiner Verschlüsselung beruht.

Diese Architektur bzw. Spezifikation der Funktion der Humanen Proxies ist daher neu bzw. innovativ und bislang erst in Ansätzen erforscht.

Schauen wir uns dazu Beispiele an, die mit einem entsprechenden Graphen dargestellt sind.

4 - Grundlegende Beispiele einer Konstellation mit einem Humanen Proxy

Angenommen, A, B und C sind drei Teilnehmer. Nehmen wir auch an, dass A mit B und C verbunden ist. Nun nehmen wir an, dass B optional ein sogenannter Humaner Proxy ist. Optional, da B sich optional mit der Verantwortung einsetzen kann, ein Proxy zu sein. Stellen wir uns nun vor, dass A wünscht, eine Nachricht an C über B zu übertragen.

Siehe Abbildung 1.

Abbildung 1: Graph-Modell mit einem Humanen Proxy

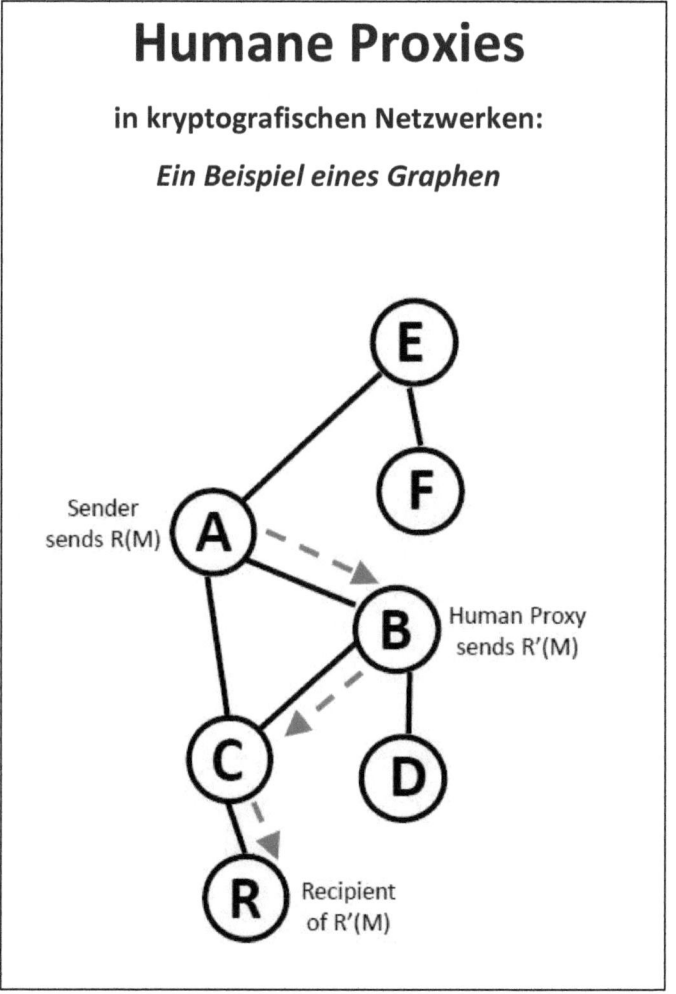

Quelle: eigene Grafik

Der Prozess des Humanen Proxy lässt sich wie folgt beschreiben.

1. A gibt B als Messaging-Proxy an.

2. A schreibt eine Nachricht an einen oder mehrere Teilnehmer, vielleicht sogar auch an B.

3. Für einen Empfänger R ist die übertragene Nachricht B (R(M)). R(M) enthält einige wichtige Informationen. B (...) ist eine traditionelle Nachricht.

4. Sobald B B(R(M)) erhält, extrahiert es R(M) durch die traditionellen Mechanismen der Applikation Spot-On und erkennt, dass R(M) vorhanden ist. Wie? R(M) enthält einen speziellen Code, einen „Keyed Digest", den B erfasst.

5. Da R(M) für eine andere Person bestimmt ist, vervollständigt B seine Interpretation von R(M) und überträgt eine beschnittene/extrahierte Version von R(M), beispielsweise R '(M) an seine Nachbarn.

6. R '(M) ist jetzt eine traditionelle Nachricht in einem Echo-Netzwerk. Das bedeutet, dass jeder Knoten die Nachricht an alle verbundenen Knoten sendet.

R(M) ist also eine Nachricht, die von A erstellt wurde. Währenddessen R '(M) eine Nachricht von B ist. R(M) und R' (M) enthalten die identische Nachricht M. Die Differenz beider Nachrichten besteht nur darin, dass sie von verschiedenen Absendern gesendet werden.

Denn: Wenn zwei Personen kommunizieren, brauchen sie eine Form der Kommunikation. Das ist eine Selbstverständlichkeit in gleichwelcher Form, oral oder elektronisch per Computer.

Ein weiteres Beispiel, um die grundlegende Definition eines solchen Proxy zu zeigen:

Abbildung 2: Ein weiteres grundlegendes Modell von einem Humanen Proxy

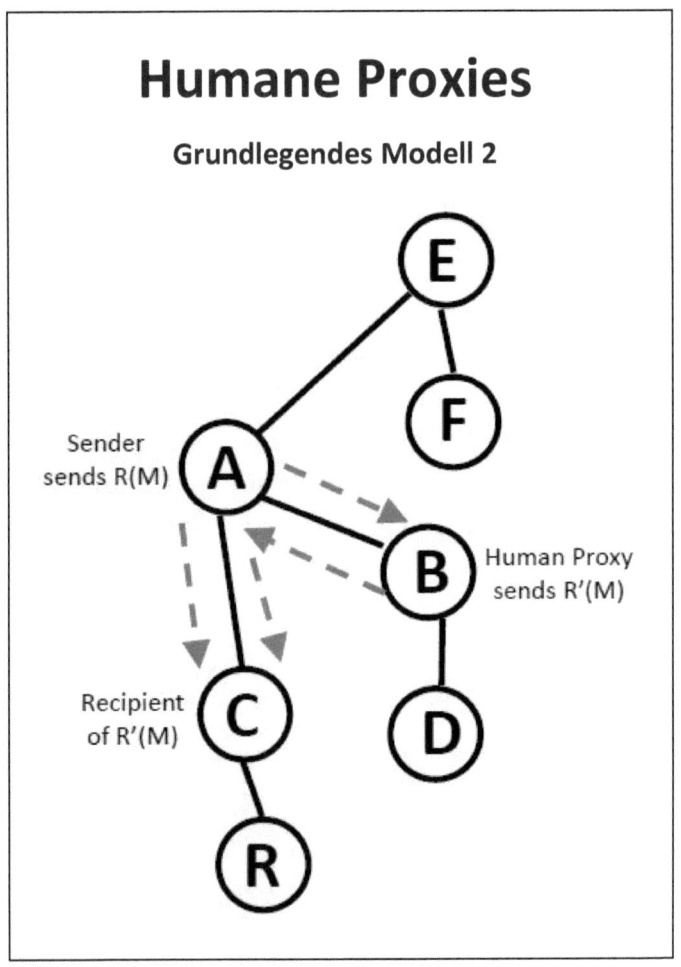

Quelle: eigene Grafik

A und B sind verbunden. A ist mit C verbunden. B und C sind weder verbunden noch brauchen sie eine Paarung.

Da A und B gepaart sind, können beide als Stellvertreter und Proxy für C dienen.

Wenn A in der Lage ist, mit B und C zu kommunizieren, kann A mit C kommunizieren, als würde B mit C kommunizieren.

Das bedeutet, B kommuniziert mit C als wenn es A wäre, und sendet dabei das verschlüsselte Paket über A. A kann also die eigene Nachricht nicht lesen, während sie diese an C weiterleitet.

C weiß aber, dass die Nachricht von A kam.

Und: Ein Netzwerk-Analyst könnte auch annehmen, dass A das Paket an C gesandt hat (was ja auch de facto Gültigkeit hat für ein verschlüsseltes Paket, wie jedes verschlüsselte Paket im Echo weitergeleitet wird).

Es kam aber von B. Der Sender wurde zum weiterleitenden Knotenpunkt und der Proxy zum neuen Anfangspunkt einer Ende-zu-Ende Verschlüsselung, die im Echo einen beliebigen Graphen aus bestehenden Verbindungen bilden kann.

5 - Humane Proxies in Verbindung zu weiteren Eigenschaften und Entwicklungen

Ein Humaner Proxy verwandelt eine Nachricht, die für einen Empfänger bestimmt ist, in eine von einem anderen Stellvertreter gesendete Nachricht. Daher der Name Proxy. Es ist eine Form der Delegation und Verschleierung über eine zwischengeschaltete Person.

Greifen wir nochmal das Beispiel des Briefumschlages aus der anlogen Welt auf: Das Programm Spot-On verarbeitet sozusagen einen Stapel mit Briefumschlägen: Einem dieser verschlüsselten Briefumschläge kann man nun auch einen Code sowie einen zweiten, inneren Briefumschlag beifügen, so dass der zweite Briefumschlag durch einen weiteren Freund an den Empfänger geschickt werden kann: Echo hoch zwei definiert Humane Proxies.

Die Prozesse sind vergleichbar, als wenn in der analogen Welt eine Militär-Verwaltung, die derzeit zum Krieg rekrutiert, durch einen Brief informiert wird, dass man sich nicht im Lande befinde.

Im vorgeblichen Schein wurde aber der Umschlag mit dem Brief durch einen Freund im Ausland in den ausländischen Briefkasten geworfen. Während man selbst noch im Lande ist.

Der genaue Standort des Friedlichen kann nicht ausgemacht werden, er ist mit der ausländischen Briefmarke und Stempelung vorgeblich am Standort des Proxy-Senders.

Doch der dort eingeworfene Brief an die Militär-Verwaltung ist nur ein Brief in einem Brief gewesen.

Der Friedliche hat sich im Lande befunden. Er brauchte nur eine ausländische Briefmarke (und einen Freund im Ausland, der diesen Brief in den ausländischen Postkasten gibt), um die Militär-Verwaltung glauben zu lassen, dass er sich zum Zeitpunkt im Ausland befand und nicht für einen Kriegseinsatz hätte rekrutiert werden können.

Auf der Netzwerkebene ist auch Verschlüsselung vorhanden: Der Humane Proxy öffnet den Umschlag und bestimmt, dass er den Inhalt des zweiten (inneren) Umschlags nicht lesen kann.

Als „Human Proxy" kennt man den Empfänger nicht einmal. Man nimmt den zweiten Umschlag und legt ihn an seinen Stapel für Umschläge zurück, die eine Auslieferung benötigen. Beachte, man hat den Umschlag geöffnet, berührt und zurückgegeben - gemäß dem Echo-Protokoll und seinen Spezifikationen, die wie oben erwähnt an andere Stelle beschrieben wurden.

Jemand kann annehmen, dass Sie diesen zweiten Umschlag erstellt haben. Das reicht zunächst für diese Analogie: Es zeigt die Funktion eines Proxys, der im Sinne eines Zweiten dahinter sendet.

Wir können die Definition wie folgt zusammenfassen: In der digitalen Welt sind Humane Proxys Knoten in einem Netzwerk, die als Proxy für einen anderen Knoten fungieren; Dieser Humane Proxy - wie in der Verschlüsselungsanwendung Spot-On etabliert - ist ein Freund aus der Freundes-Liste dieses Messengers.

Daher der Name „Human Proxy".

5.1 - Proxies im politischen und sozialen Leben

Sie werden üblicherweise in Situationen eingesetzt, in denen die wahre Identität eines Entscheiders oder Handelnden im Hintergrund bleiben muss; bzw. ein bestimmtes Maß an Anonymität gewünscht ist.

Diese Proxies können eine Vielzahl an Rollen einnehmen, jeweils in Abhängigkeit in welchem Kontext sie angewandt werden.

In der Politik können beispielsweise menschliche Stellvertreter verwendet werden, um einen bestimmten Kandidaten oder eine bestimmte Partei zu vertreten oder Aktivitäten wie Wahlwerbung oder Spendenaktionen durchzuführen. Im Wirtschaftsleben können sie verwendet werden, um Geschäfte oder Verträge im Namen eines Unternehmens auszuhandeln oder als Verbindung zwischen verschiedenen Abteilungen oder Stakeholdern zu fungieren.

Politische Proxies werden oft bei der Initiierung eines Stellvertreters für das Menschenrecht auf freie Meinungsäußerung gebraucht. So sind z.B. Betriebsräte ein Proxy für die Belegschaft im Unternehmen.

Auch werden Stellvertreter vielfach z.B. in Unterrichts-Situation in einer Schulkasse wissenschaftlich untersucht. Ist der Fragesteller in der Klasse nicht die originale Person, kann sie z.b. nicht diskriminiert oder ausgelacht werden.

Oder: In manchen Experimenten in Schulklassen wird auch die Beziehungsqualität untersucht, wenn der Lehrer z.B. durch einen Videokanal mit einem Schüler interagiert oder ein anderes menschenähnliches Kommunikations-Medium als Proxy für den Lehrer genutzt wurde – um beides zu unterstützen: um externe Information zu vermitteln und gleichzeitig unterschiedliche Stati der Aufmerksamkeit und des Zuhörens zu erwirken.

Sehr bekannt war z.B. das soziale Experiment mit einem menschlich geformten Kuschelkissen namens „Hugvie" mit einem Smartphone im Inneren oder die Nutzung eines humanoiden

Roboters als Proxy in einem Klassenzimmer mit einem fernen (remoten) Lehrer im Homeoffice dahinter (Nakanishi et al. 2016).

Bereits jetzt hat sich z.B. auf dem Nachrichten- und Kommentar-Dienst Twitter der Satz etabliert: „Ich frage nur für einen Freund". Das heißt, es werden Anfragen nicht mehr direkt gestellt. Stattdessen werden oppositionäre Meinungen als Frage gestellt, die angeblich nicht von einem selbst kommen. Damit soll auch einem Shit-Storm oder einer Menge an Hass-Botschaften und Kommentaren ausgewichen werden.

Zugleich wird diese Form auch genutzt, um augenzwinkernd den Angefragten darauf aufmerksam zu machen, dass er ggf. eine Einzelmeinung vertritt und es auch andere Sachverhalte oder Meinungen zu berücksichtigen gibt.

Stellvertreter oder Avatare für sich sprechen zu lassen ist die modernste Form, unangreifbar zu werden.

Auch ein Trojanisches Pferd kann ein Beispiel für einen Proxy geben: Das Trojanische Pferd war in der griechischen Mythologie ein hölzernes Pferd vor den Toren Trojas, in dessen Bauch griechische Soldaten versteckt waren. Die Soldaten öffneten nachts, nachdem das Pferd in die Stadt hineingezogen worden war, die Stadttore Trojas von innen und ließen ihr Heer hinein. Durch diese Kriegslist gewannen die Griechen des Mythos nach den Trojanischen Krieg. Metaphorisch versteht man heute unter einem „Trojanischen Pferd" ein harmlos aussehendes Objekt, das ein Angreifer zur Tarnung verwendet, um in einen sicheren, geschützten Bereich eingelassen zu werden. Auch der Wolf kann dem bekannten Märchen nach ein Schafspelz nutzen, um einen Stellvertreter zu mimen.

Die Verwendung solchen Proxies kann umstritten sein, da sie Fragen zu Transparenz und Rechenschaftspflicht aufwerfen kann. In einigen Fällen kann es als eine Möglichkeit angesehen werden, die Verantwortung für bestimmte Handlungen oder Entscheidungen zu entgehen. Darüber hinaus kann die Verwendung von Stellvertretern Verwirrung oder Misstrauen unter den Beteiligten erzeugen, wenn nicht klar wird, wer letztendlich für eine bestimmte Handlung oder Entscheidung verantwortlich ist.

Proxys sind jedoch ein bekanntes Instrument in vielen Bereichen der Gesellschaft, insbesondere in Situationen, in denen Anonymität oder Vertraulichkeit wichtig ist. Einzelpersonen und Organisationen müssen die potenziellen Folgen der Verwendung solcher Proxys berücksichtigen und sollten einen ethischen und transparenten Prozess berücksichtigen.

Betrachten wir nun einige interessante Aspekte der Funktion Human Proxies im Instant-Messenger-Teil dieser oben genannten Verschlüsselungs-Suite Spot-On für die digitale, technische, soziale und vernetzte Welt.

5.2 - In Zeiten der globalen Indexierung aller Menschen befähigen Humane Proxys jeden, delegieren zu können

Das Internet war früher anonymer als heute. Diskussionen und Entwicklungen zu Account-basierten Zugängen, zur bislang nur geforderten

Klarnamenpflicht, und verstärkten Authentifizierung (inzwischen mit zwei Faktoren), sowie zahlreiche Mechanismen wie Cookies und weiteren zur Re-Identifizierung von Nutzern von Webseiten schließen die letzten Lücken, im Internet unbeobachtet zu sein.

Dieses ist für die Sicherheit von Zahlungsprozessen oder Verhinderung von Betrügereien notwendig und hinsichtlich eines Kundenmarketings ggf. aus Sicht der Anbieter sicherlich wünschenswert. Hinsichtlich der ursprünglichen Kultur des Internets, und der freien Meinungsäußerung im Internet wird dieses Tracking jedoch auch als nachteilig betrachtet: Freie Meinungsäußerung im digitalen Raum oder auch generell eine Veröffentlichung von kritischen Hinweisen (sei es von Oppositionellen oder Whistle-Blowern wie Edward Snowden oder Julian Assange), können selbst in der westlichen Welt existenzgefährdend rückverfolgt und verfolgt werden.

Längst geht es nicht mehr nur darum, Aussagen Individuen zuzuordnen - es geht darum, alle Menschen des Planeten in möglichst vielen Lebensbereichen zu indexieren - beginnend bei der Geburt, bei steuerlichen Fragen, bei gesundheitlichen Dokumentationen, bei sozialem Verhalten wie sie mit Kameras und künstlicher Intelligenz beispielsweise in China mit dem Sozial-Punkte-System geregelt werden: Wer bei Rot über die Fußgängerampel geht, erhält Punkteabzug und wird ggf. erst verspätet zu einem Studium zugelassen (vgl. Everling 2020, Sundermann 2021, Kalathas 2022).

Theo Tenzer hat in seinem Buch `Super Secreto´ zur neuen Ära der Quanten-Computer und ihre Auswirkungen auf das Brechen von Verschlüsselung nicht nur wesentliche derzeitige quelloffene Verschlüsselungsprogramme erläutert und die politischen Angriffe und Einschränkungen auf Privatheit und die Ende-zu-Ende Verschlüsselung dargestellt, sondern in einem kleinen Neben-Kapitel die wohl wichtigste zukünftige Gefahr der Entwicklung der computerisierten Gesellschaft verdeutlicht: Die Menschheit beginnt jeden Menschen des Planeten zu indexieren.

Jeder Mensch hat nicht nur für den Staat eine einheitliche Steuer-Nummer, sondern jeder Mensch erhält eine sog. „Menschen-Nummer" zur Identifikation - wie der Prozess z.B. besonders in Deutschland getrieben und es für die gesamte Europäische Union vorgesehen ist. In den USA werden die Menschen über ihre Sozialversicherungsnummer bzw. auch E-Mail-Adresse identifiziert.

Gerade vor dem Hintergrund des Nazi-Deutschlands, als Juden verfolgt und in Konzentrationslagern deportiert und ermordet wurden, ist die Menschennummer ein mächtiges Instrument, das humanistisch und verfassungsrechtlich kritisch zu würdigen ist: Eine Liste aller Juden könnte in der heutigen Zeit aus einer Datenbank der Menschen-Nummern mit wenigen Klicks gezogen werden, wie auch eine Liste aller Oppositionellen oder Impf-Verweigerer in einer nächsten Corona-Pandemie.

Repressive Maßnahmen werden dadurch individuell zuschneidbar, niemand fällt mehr durch ein Raster oder kann sich wegducken - und es müssten auch keine kollektiven oder öffentlichen Maßnahmen getroffen werden: Menschen werden stillschweigend filterbar und individualisiert adressierbar sein. Soziale Bewegungen oder das Aneinanderketten von

Betroffenen mit gleichen Filterkriterien in Form einer Solidargemeinschaft könnten verhindert werden.

Freunde in Sozialen Medien und Kontaktlisten auf dem Smartphone haben heute das Risiko, dass sie alle durch die Plattform bzw. das Betriebssystem oder eine mobile Applikation ausgelesen und an zentrale Dienste hochgeladen werden. Wer kennt wen ist all diesen Diensten und Anbietern bekannt.

Der chinesische TikTok-Kurz-Video-Dienst ist deshalb eine aus Sicht der westlichen Welt so gefährliche App, weil sie nicht nur die Etablierung einer in der Realität bestehenden Freundschaft in der Applikation als Messenger anbietet, sondern auch gleich anfragt, alle Kontakte von Facebook und Whatsapp zu integrieren. Wozu der Amerikaner bei dem Meta-Konzern Jahre gebraucht hat, nämlich das Beziehungsnetzwerk der Nutzer - gemäß wer kennt wen - zu speichern und auch für Prozesse der Staats-Sicherheit und der Überwachung zu indexieren, wird von der hinter der Tiktok-App stehenden chinesischen Regierung mit einem Klick kopiert.

Tiktok nimmt Google und Meta mit Whatsapp, Facebook und Instagram die Indexierung der Menschheit mit einem Klick weg und übernimmt das kopierte Beziehungsgeflecht in seine chinesische geführte Datenbank. Der Wettlauf der Welt-Nationen um die Indexierung der bald zwei Hände voll Milliarden Menschen und Kunden soll zügig beendet sein - wie die Entschlüsselung des menschlichen Genoms.

Der Humane Proxy in der elektronischen Welt ermöglicht nun jedermann die Kommunikation über ein Double. Ein Freund, ein Delegierter, ein Repräsentant in Form eines Proxies stellt die Anfrage oder leitet eine Aussage oder Nachricht weiter. Dieses ist eine wesentlich ausgleichende Funktion in der elektronischen Kommunikations-Welt, in der jeder Tweet, jeder Chat, und jedes E-Mail elektronisch permanent aufgezeichnet wird.

Denn: die Autobiographie `Permanent Record´ (2019) von Edward Snowden, der schon 2013 aufdeckte (als es noch gar keine Menschen-Nummer bzw. Indexierung der Menschheit mit den aktuellen Formen gab), dass jegliche Internet-Kommunikation aufgezeichnet, gespeichert und voraussichtlich auch ausgewertet wird.

Dieses verdeutlicht das Interesse von Agenturen, Kräften und Machthabern, jeglichen geschriebenen Satz und Chat, jeglichen damit verbundenen Gedanken eines Menschen auswertbar aufzuzeichnen.

Auch das gesprochene Wort und Aussagen im Dialog werden durch zuhörende Mikrophone, Computer und Sprachassistenten transkribiert und archiviert.

Ein Internet des Permanent Records trägt seither dazu bei, die Grundlage für totalitäre Gesellschaften zu schaffen: Die Indexierung der Menschheit, die Indexierung ihrer Texte, Chats und von Mikrophonen transkribierten Aussagen sowie Speicherung und Auswertung persönlicher Gesundheits-, Verhaltens- und Konsumdaten werden Regelprozesse.

Auf technischem Wege sorgen Humane Proxies nun auf der Netzwerkebene dafür, dass der originäre Sender einer Botschaft nicht mehr erkennbar ist, und seine originäre IP-Adresse in jedem Fall abstreitbar wird.

Das gilt selbst im Konzept des „Beyond Cryptographic Routings", in dem die IP-Adresse nicht etwaig durch einen kryptographischen Hash ersetzt wird, sondern aufgrund des „Beyond"-Charakters grundsätzlich keiner örtlich definierten Gleichsetzung von Knotenpunkt und Netzwerkadresse mehr zuzuordnen ist. Das Echo Protokoll ist deshalb Beyond einem Cryptographischen Routings, weil es keine definierten Netzwerkadressen mehr gibt:

Ein am Knotenpunkt vorbeikommendes Paket wird lokal mit allen vorhandenen Schlüsseln überprüft, ob es geöffnet werden kann. Andernfalls wird das Paket an alle verbundenen Knotenpunkte weitergeleitet. Dieses Flooding im Netzwerk kennt keine Adressen von Knotenpunkten mehr - seien sie IP-gebunden oder mit einem kryptographischen Code oder Hash ausgerüstet. Die Öffnung eines Nachrichten-Paketes erfolgt lokal und damit privat.

Es gibt damit im Echo weder eine Zieladresse, noch eine Absenderadresse. Und nunmehr, mit Humanen Proxies, erfolgt der Versand des Paketes durch einen Stellvertreter. Im Paket- und

Nachrichten-Versand herrscht Zufälligkeit und Komplexität.

Neben der Funktion des Humanen Proxies ist für eine Graphen-Analyse darüber hinaus auch das zugrunde liegende Echo Protokoll zusätzlich zu berücksichtigen: Eine Ende-zu-Ende verschlüsselte Nachricht nimmt im Echo Protokoll nach einem Startpunkt an jedem weiteren Knotenpunkt immer eine spezifische Route und definiert so einen jeweiligen Graphen.

Die Grundregel des Echos, jedes Paket, das einen Knotenpunkt verlässt, wird an alle verbundenen Knotenpunkte weitergeleitet, gilt auch für Humane Proxies. Es ist daher eine multi-optionale Wegstrecke im Netzwerk, wenn der originäre Sender A mit all seinen verbundenen Knotenpunkten die Nachricht mehrfach kopiert an alle sendet - oder wenn der Proxy-Knotenpunkt B in seiner spezifischen Verbindungsituation an alle verbundenen Knotenpunkte sendet.

So enthebt die Funktion der Humanen Proxies nochmals mehr die Möglichkeit, einen originären

Sender zu identifizieren, wenn er einen Stellvertreter einsetzt.

Bieten diese Optionen von Humanen Proxies, einen Stellvertreter zu nutzen, angesichts der Indexierung der Menschheit Vorteile nur in einer totalitären Gesellschaft?

Diese Funktion der Humanen Proxies schützt die Aussage einer Botschaft und löst sie los von einer definierten Person bzw. einem Einwurfbriefkasten für die Nachricht.

Das Paket wird sicherlich irgendwann alle verbundenen Knotenpunkte in einem Netzwerk durchlaufen haben, jedoch sind Zeitanalysen verzerrt und die Nachricht R (M) wurde gegen die Nachricht R´(M) ausgetauscht. Der „Innere Envelope" der Originalnachricht nimmt seine Route: Es besteht ein Nachrichtenpaket, das - mit gleichen Nachrichteninhalt - von einem anderen Knotenpunkt aus gesendet wurde. Und es bietet damit jedem, der im Internet chattet und Botschaften übermittelt, die Möglichkeit, für seine Aussagen an Freunde ein Double, einen Stellvertreter, zu verwenden.

Es ist gleichzusetzen mit einem Graphitti am Bahnhof mit einer Botschaft, die Verständige lesen können. Nichts mehr und nichts weniger. Ob Graphitties als schön oder unschön empfunden werden, sei je nach ästhetischem Empfinden dahingestellt: Derjenige, dessen Stimme unterdrückt wird, wird es als ein Instrument sehen, seine Botschaft unabhängig von seiner Person bzw. unbeobachtet und nicht rückverfolgbar zu seiner Person platzieren zu können.

Nun können sich Menschen mit stellvertretenden Humanen Proxies Freiheiten in diesen Prozessen von Überwachung verschaffen, falls diese Freiheit in der Weiterentwicklung der Gesellschaft noch notwendiger werden sollte. Dann steht diese Funktion grundsätzlich allen Kommunizierenden im Internet zur Verfügung.

5.3 - Humane Proxies und glaubhafte Abstreitbarkeit

Dadurch, dass Chat-Teilnehmer sich gegenseitig als Humanen Proxy verwenden können, bekommt der Sachverhalt und Begriff der „Plausible Deniability" eine neue Relevanz.

Die Situation einer glaubhaften Abstreitbarkeit (engl. „plausible deniability") liegt vor, wenn eine Person oder eine Organisation ein Mitwissen bzw. eine Mitwirkung an moralisch oder strafrechtlich verwerflichen Vorgängen innerhalb ihres Einflussbereichs überzeugend dementieren kann und ihr somit keine Verantwortlichkeit nachgewiesen werden kann, unabhängig vom tatsächlichen Wahrheitsgehalt dieses Dementis.

In den USA mag Richard Nixon ein weiterhin präsentes Beispiel sein: als er sich zum Vize Präsidenten 1952 zur Wahl stellte, hielt er seine bekannte „Checkers Speech", in der er erklärte: Er habe nur einmal ein Geschenk angenommen, einen Hund namens Checkers, und dass er nicht beabsichtige, diesen zurück zu geben. Er nutzte diesen Hund als Stellvertreter, um weitere Fälle von Korruption zu verschweigen. Es war im weiteren Verlauf seiner Karriere jedoch nachweisbar in mehreren Korruptionsfällen einbezogen, was schließlich in dem bekannten Watergate Skandal gipfelte: Er musste aufgrund von „Mißbräuchen von Regierungsvollmachten" zurücktreten.

Auch der ehemalige deutsche Bundeskanzler Helmut Kohl nahm in der CDU-Spendenaffäre für seine Partei 2,1 Millionen DM verdeckter Parteispenden an den Finanz-Büchern vorbei an. Derartige offenbar zahlreich angelegter Schattenkonten für verdeckte und damit illegale Parteispenden, stellten einen Verstoß gegen das geltende Parteispendengesetz dar. Allein die Führung solcher Schattenkonten ist illegal. Der Bundeskanzler sagte, die Namen der Spender nicht zu nennen: er habe ihnen sein Ehrenwort gegeben – und fungierte damit in der analogen Welt als Humaner Proxy. Das Magazin „Der Spiegel" titelte 2001 in diesem Zusammenhang: „Diese Spende hat es nicht gegeben".

Der investigative Journalismus - je nachdem wie nachhaltig und tiefgehend recherchiert werden kann - konnte in diesen politischen Fällen plausible Abstreitbarkeiten mit Beweisen zu Tatsachen überführen.

Im positiven Sinne mag ein Wohltäter oder Spenden-Geber ebenso nicht in Erscheinung treten wollen für wahre caritative Zwecke. Dieses wird in der Philosophie als Philanthropie bezeichnet (altgriechisch philanthrōpía, von phílos „Freund" und ánthrōpos „Mensch"). Darunter versteht man ein menschenfreundliches Denken und Verhalten. Als Motiv wird manchmal eine die gesamte Menschheit umfassende Liebe genannt, die „allgemeine Menschenliebe". In der Antike bezeichnete der Ausdruck meist eine wohlwollende, großzügige Einstellung Vornehmer, Mächtiger und Reicher gegenüber ihren wirtschaftlich schwächeren Mitbürgern.

Die Mittel sind oft bedeutende freiwillige und finanzielle Leistungen wohlhabender Bürger für das Gemeinwohl durch in erster Linie Großspenden und durch die Errichtung von Stiftungen und kommen vor allem der Bildung, der Forschung, dem Gesundheitswesen, kulturellen Anliegen und der Bekämpfung sozialer Übelstände zugute.

Heute gehört Philantropismus oder auch menschenfreundliche Gesinnung bzw. einfach Menschenfreundlichkeit in Form der Nächstenliebe oder Menschenliebe zu unseren vordringlichsten pädagogischen Zielen.

Da Kritiker den starken politischen und gesellschaftlichen Einfluss großer Stiftungen beargwöhnen, die nur den Zielen ihrer Gründer verpflichtet und nicht demokratisch legitimiert seien, und sie außerdem den Philanthropen fragwürdige, eigennützige Motive unterstellen, treten wahre Philantropen entweder stillschweigend ohne Namensnennung oder auch mit einem Delegierten in Erscheinung. In der Joga-Lehre wird dieses als „Karma Yogi" bezeichnet:

Wenn jemand so tut, als ob er uneigennützig dient, aber in Wahrheit für seinen eigenen Vorteil, für Macht oder Vergnügen tätig ist, wird dieses als Pseudo Karma Yogi bezeichnet (Sivananda 1974).

Engagement in einem gemeinnützigen Verein kann also echter Karma Yoga sein – kann aber auch Pseudo Karma Yoga darstellen.

Schon Jesus sagte: „Wenn du also etwas spendest, dann tu es so unauffällig, dass deine linke Hand nicht weiß, was die rechte tut. Sei bescheiden, wenn du dienst. Stirb unbekannt. Lass niemanden deinen Namen wissen. Aber arbeite und diene anderen. Erwarte nicht brausenden Beifall. Erst dann kommt der Duft deiner Seele zutage" (Mt 6,3) – und rief dazu auf, nicht mit Ehre für den eigenen Namen ins Grab zu gehen, sondern andere Menschen zu fördern durch Stillschweigen oder Stellvertreter, die den eigenen Namen bei Wohltaten - man würde heute sagen - „proxifizieren".

Perfekte Abstreitbarkeit ist bei Wohltätigen Handlungen über Dritte ggf. weniger erforderlich, als wenn politische, korrupte oder kriegerische Handlungen über Dritte verschleiert werden sollen; oder wenn ein „Wohltätiger für die Öffentlichkeit" als Whistleblower von brisanten Erkenntnissen persönliche Repressalien zu befürchten hat - dann sollte und muß die Abstreitbarkeit nicht nur glaubhaft, sondern wasserfest sein.

Der Begriff Plausible Deniability wurde von der Geheimdienstorganisation CIA Anfang der 1960er

Jahre geprägt und beschreibt die Strategie, hochrangige Beamte und Regierungsmitglieder vor Strafverfolgung oder sonstigen negativen Konsequenzen zu schützen, für den Fall, dass illegale oder unpopuläre Aktivitäten öffentlich werden würden. Der Doktrin zufolge sollten Führungsstrukturen und Befehlsketten so locker und informell beschaffen sein, dass sie im Bedarfsfall leicht abgestritten werden konnten.

So koordinierte etwa ein Operations Coordinating Board, ein dem National Security Council angeschlossener geheimer Ausschuss, verdeckte Operationen der CIA. Ein Repräsentant des US-Präsidenten in diesem Board, eine Funktion, die unter Präsident Eisenhower der Politiker und Industrielle Nelson Rockefeller einnahm, erlaubte es dem Präsidenten, über verdeckte Operationen stets informiert zu bleiben. Und gleichzeitig sollte gegenüber dem US-Kongress eine „glaubhafte Abstreitbarkeit" für die zum Teil illegalen Aktionen gewahrt werden. Damit sollte bezweckt werden, dass der CIA politisch heikle Aufträge von Machtträgern bis hinauf zum Präsidenten selbst erteilt werden konnten.

Der Urheber oder die schiere Existenz dieser Aufträge solle also bestritten werden können, wenn eine verdeckte Operation scheitert oder wenn politischer Schaden befürchtet wird, falls eine offizielle Stelle die Verantwortung übernahm.

Individuen oder Organisationen haben so zusammengefasst die Möglichkeit, ihre Einbezogenheit in Handlungen oder Entscheidungen zu verneinen, selbst wenn Beweise anderes nahelegen. Sie können dann in einer spezifischen Situation Unschuldigkeit oder die Vorgabe von Unwissen aufrechterhalten.

Dies kann durch eine Vielzahl von Mitteln erreicht werden, z.B. durch die Verwendung von Vermittlern oder Akteure als Drittanbietern, um Aktionen auszuführen, einen belastende Unterlagen zu erstellen, der die wahren Entscheidungsträger verdeckt oder einfach nur Wissen oder Beteiligung an der Angelegenheit verneinen.

Bei der Spionage wird es verwendet, um die Identität von Agenten und Mitarbeitern zu schützen. Und in der Geschäftswelt kann es verwendet werden, um Führungskräfte vor rechtlicher Haftung oder öffentlicher Prüfung zu schützen.

In diesen Kontexten kann die Fähigkeit zur Aufrechterhaltung der plausiblen Verleugnung von entscheidender Bedeutung sein, um rechtliche Konsequenzen oder öffentliche Gegenreaktionen zu vermeiden.

Auch eine False-Flag Operation kann auf einer plausible deniability beruhen bzw. diese erfordern. Dabei werden bewusst falsche Spuren gelegt, um einen Unbeteiligten der Tat bzw. Nachricht zu bezichtigen bzw. den Originator der Tat oder eigentlichen Sender der Nachricht frei zu halten von Anschuldigungen, diese Nachricht gesendet oder diese Tat getan zu haben.

Insgesamt ist das Konzept der plausiblen Abstreitbarkeit komplex und kontrovers. Während es in bestimmten Situationen ein nützliches Instrument sein kann, wirft es auch wichtige ethische Fragen zu Rechenschaftspflicht und Verantwortung auf.

In der Informationstechnik werden Mechanismen zur glaubhaften Abstreitbarkeit bei anonymen peer-to-peer-Netzen oder generell bei Datenverschlüsselung eingesetzt, um den Ursprung oder das Vorhandensein von Informationen abstreiten zu können. Es sind Verfahren, um vertrauliche Daten oder den Ursprung von Daten zu verbergen, so dass deren Existenz oder Ursprung nicht nachgewiesen werden kann.

Für Whistle-Blower, die bislang geheime Informationen der Öffentlichkeit zukommen lassen möchten, stellen die Zeitungen und Medien eine Art wichtiger Proxy dar, der sie schützt. So hat sich beispielsweise Edward Snowden an die Zeitung The Guardian gewandt, um durch diese aufzudecken zu lassen, dass sämtliche Internet-Kommunikation von den amerikanischen Geheimdiensten (mit Aktions-Programmen namens XKeyscore, PRISM, Stellarwind, PSP und Boundless Informant) sowie mit dem noch umfassenderen britische Überwachungsprogramm TEMPORA überwacht wird – auch wenn er nach dieser Veröffentlichung zusätzlich mit seinem Namen und Gesicht zeugte.

Eine frühe Implementierung glaubhaft bestreitbarer Verschlüsselung in der

Informationstechnik bot das von Julian Assange, Suelette Dreyfus und Ralf Weinmann 1997 entwickelte Dateisystem Rubberhose.

Der Name „Rubberhose" (deutsch: „Gummischlauch") bezieht sich auf den euphemistischen Begriff der „Gummischlauch-Kryptoanalyse", der die Erlangung kryptographischer Schlüssel mittels Folter bezeichnet. Personen wurden mit einem Gummi-Schlauch geschlagen, bis sie das Passwort preis gaben.

Das Programm kann nun mehrere separat verschlüsselte Dateisysteme (sogenannte „aspects") enthalten, wobei deren Existenz nur nachgewiesen werden kann, wenn man den korrekten kryptografischen Schlüssel besitzt.

Die Software wurde ursprünglich für Menschenrechtsgruppen in Diktaturen der Dritten Welt entwickelt, wurde aber auch oft für die Benutzung in anderen Ländern wie zum Beispiel dem Vereinigten Königreich empfohlen, weil man dort nach dem britischen Telekommunikationsüberwachungsgesetz unter Androhung von Gefängnisstrafe gezwungen werden kann, seine Passwörter beziehungsweise kryptografischen Schlüssel preiszugeben.

Das Konzept wurde bei dem Programm zur Verschlüsselung von Festplatten VeraCrypt (dem Nachfolger von: TrueCrypt) aufgegriffen. Mit seinen sogenannten „versteckten Volumes" und „versteckten Betriebssystemen" bietet es Ähnliches und Weitergehendes. Beim Start des verschlüsselten Computers wird ein falsches Passwort eingegeben und es erscheint eine unverfängliche bzw. einwandfreie Umgebung. Wird hingegen ein anderes Passwort eingegeben, erscheint die private, bislang versteckte Umgebung.

Gegenüber den Programmen Rubberhose oder Veracrypt geht es bei Humanen Proxies nicht darum, eine Datei zu verstecken oder nur einen Teil der Datenmenge durch ein durch Folter erzwungenes Passwort preiszugeben, sondern die Existenz der Datei bzw. Nachricht wird komplett abgestreitet, weil nicht nachgewiesen werden kann, dass man Sender bzw. Startpunkt einer Ende-zu-Ende-Verschlüsselung ist.

Human Proxies sind in einem Live-Kommunikations-System eines Netzwerkes also derzeit die modernste und anwendungseinfachste Gestaltung, um nicht nur Verschlüsselung glaubhaft abzustreiten, sondern auch den Sender dieser verschlüsselten Nachrichten bzw. Daten abzustreiten, sowie auch die Route im Netzwerk und den Empfänger der Nachricht abzustreiten.

Dieses hat nicht nur Auswirkungen auf (Vorrats-) Datenspeicherungen hinsichtlich Vorschriften, Prozeduren und rechtlichen Fragestellungen sowie deren Überwachung, sondern auch auf Verschlüsselungs-Konzepte und insbesondere eine zukünftige Ausgestaltung von Ende-zu-Ende-Verschlüsselung.

5.4 - Humane Proxies und Vorratsdatenspeicherung: Beyond Cryptographic Routing

Bei der Vorratsdatenspeicherung (VDS) werden Telekommunikationsanbieter verpflichtet, Verbindungs-Daten von ihren Kunden und ihrer Kommunikation für einen bestimmten Zeitraum zu speichern. Diese Daten können beispielsweise die Telefonnummern, E-Mail-Adressen, IP-Adressen, Standortdaten und Zeitpunkte von Anrufen oder Nachrichten zu anderen Kommunikationsteilnehmern umfassen: Es interessiert, wer hat wann mit wem gesprochen oder über das Internet einen Kontakt hergestellt.

Die Idee dahinter ist, dass diese Daten der Vergangenheit im Falle von Strafverfolgung oder Terrorismusbekämpfung von den Strafverfolgungsbehörden genutzt werden können, um potenzielle Straftäter zu identifizieren, zu überwachen und ihnen Absprachen nachzuweisen durch die rückwirkende Analyse früherer persönlicher

Kommunikation in sozialen Netzwerken bzw. über das Internet allgemein.

Allerdings funktioniert die Vorratsdatenspeicherung nur, wenn alle Daten und Kontakte von allen - in der Regel unschuldigen - Bürgern überwacht werden. Es ist eine unverhältnismäßige Massenüberwachung. Es bestehen daher in der Bevölkerung mehrheitlich Bedenken hinsichtlich der Privatsphäre und des Datenschutzes, da die Vorratsdatenspeicherung diese dauerhafte Überwachung von allen unschuldigen Bürgern erfordert und damit die Risiken solcher Analysen zur Erstellung von Persönlichkeitsprofilen bis ins Totalitäre wachsen.

Neben der Vorratsdatenspeicherung - bei der nur auf die Meta-Daten der Kommunikation zugegriffen wird, also: wer hat wann mit wem kommuniziert - sollen bei dem weiteren und derzeit europaweit diskutierten Instrument der Chat-Kontrolle auch die Inhalte der Kommunikation in Echtzeit überwacht und nach Stichworten durchsucht werden.

Die Chatkontrolle wird technisch durch die Verfahrensweise eines Client-Side-Scanning (CSS) umgesetzt. Dabei werden versendete oder empfangene Nachrichten bzw. Dateien lokal auf dem Endgerät einer Person durch das Betriebssystem oder die jeweilige App auf bestimmte, in einer zentralen Datenbank hinterlegte Inhalte durchsucht. Dieses geschieht, bevor Texte und Daten weiter verschickt, beziehungsweise verarbeitet werden.

Auch können diese Inhalte zur Nachweisbarkeit und Überprüfung als Kopie an eine zentrale Instanz gesandt werden, wie es beispielsweise bei der Auto-Vervollständigung von Suchworten im Browser erfolgen kann.

Insbesondere bei der Kommunikation mit einem mobilen Endgerät wie einem Smartphone ist damit eine Methode zur Telekommunikationsüberwachung gegeben, bei der zu versendende Chat-Texte und Dateien bereits vor einer Ende-zu-Ende-Verschlüsselung nach definierten Inhalten überprüft werden sollen.

Vereinfacht dargestellt will man bei der Vorratsdatenspeicherung also wissen, wer wann zu welchem Zeitpunkt welche IP-Adresse genutzt hat und bei der Chatkontrolle will man wissen, was inhaltlich kommuniziert wurde.

Kritiker sprechen bei beiden Verfahren, der Vorratsdatenspeicherung wie auch der Chatkontrolle, von nicht verhältnismäßigen Maßnahmen eines Überwachungsstaates - die zudem besonders in Kombination totalitäre Massen-Überwachung darstellen (Reuter 2021, Breyer 2005).

Beide Instrumente werden mit Humanen Proxies eingeschränkt aufgrund komplexerer technischer Gestaltung, wenn nicht sogar damit umgangen oder gar ausgehebelt.

Aufgrund des Flooding-Charakters des Echos im Netzwerk (eine Nachricht kommt an vielen verbundenen Knotenpunkten vorbei), wird das Sammeln von Metadaten, also wer hat wann welche Nachricht gelesen oder stand mit wem in Kontakt, erschwert: wie oben beschrieben, ist das „Routing" „beyond" einem (kryptographischen) Routing.

Und durch die Nutzung von Freunden als Humane Proxies, werden Nachrichten auch von stellvertretenden Sendern in eine Netzwerkroute bzw. Ende-zu-Ende Verschlüsselung eingebracht, bei der die Nachricht dem Proxy-Sender gar nicht als lesbare Nachricht vorliegt, denn sie wird als verschlüsselte Nachricht versendet und der Ciphertext kann keinen Scan-Aktivitäten unterzogen werden.

Störerhaftung ist ein weiteres Rechtskonzept, das in Deutschland und einigen anderen Ländern angewendet wird. Es besagt, dass eine Person oder Organisation für Rechtsverletzungen haftbar gemacht werden kann, die von Dritten begangen werden, wenn sie die Möglichkeit hatte, die Rechtsverletzung zu verhindern.

Im Kontext des Internets bezieht sich Störerhaftung typischerweise auf die Haftung von Internetdiensteanbietern (ISPs) oder WLAN-Betreibern für Urheberrechtsverletzungen, die von Dritten über ihre Dienste begangen werden. Wenn ein Dritter beispielsweise urheberrechtlich geschütztes Material über das WLAN eines Betreibers teilt und dieser Betreiber die Möglichkeit hatte, die Verletzung zu verhindern, könnte er für die Verletzung haftbar gemacht werden.

Die Störerhaftung ist jedoch ein ebenso umstrittenes Konzept, da sie dazu führen kann, dass ISPs und WLAN-Betreiber für Handlungen haftbar gemacht werden, die sie nicht direkt begangen haben. Einige argumentieren, dass dies dazu führen kann, dass ISPs und WLAN-Betreiber weniger geneigt sind, offene WLAN-Netzwerke bereitzustellen oder Dienste anzubieten, die möglicherweise von Dritten für Urheberrechtsverletzungen genutzt werden könnten.

In Deutschland wurde die Störerhaftung daher schon im Jahr 2017 reformiert, um ISPs und WLAN-Betreiber besser zu schützen. Die Reform besagt, dass ISPs und WLAN-Betreiber nicht mehr automatisch für Rechtsverletzungen haftbar gemacht werden können, die von Dritten über ihre Dienste begangen werden. Stattdessen müssen sie angemessene Maßnahmen ergreifen, um die Verletzung zu verhindern, sobald sie davon erfahren: „Host Provider können Inhalte effektiver und zielgenauer sperren als andere

Dienste, die nur vermitteln oder weiterleiten" (vgl. Janal 2023).

Das rechtliche Instrument einer sog. Störerhaftung, bei der ein Knotenpunkt verantwortlich gemacht werden soll für eine Einflussnahme, kann also nicht gelten, weil ein Nachweis des Vorliegens eines Vorganges der Nutzung eines Humanen Proxies kaum möglich ist und dieser Knotenpunkt auch nur Ciphertext weiterleitet.

Dieses beschreibt zunächst moderne Entwicklungen der Ideengeschichte in der Informationstechnologie und erfordert eine weitere Analyse und Diskussion hinsichtlich der Sicherheit von Informationen und Maßnahmen gegen totalitäre Massen-Überwachung und relevanter Interessen, die im Lichte einer Verhältnismäßigkeit und technischer Möglichkeiten abzuwägen sind.

Die reine Weiterleitung von Ciphertext hat ohne einen Schlüssel-Nachweis jedoch keine Bedeutung und weiterhin auch keine Relevanz, wenn Netzwerk-Verkehr grundsätzlich oder zunehmend verschlüsselt wird.

5.5 - Ist der Innere Briefumschlag eine Kopie oder das Original?

Das Projekt Offsystem stellte ähnliche Fragen zu technischen, sozialen, rechtlichen und philosophischen Aspekten: Wer ist für eine Nummer verantwortlich?

Zitiert aus dem Projekt, beziehen sich die Entwickler wie folgt auf ihr Verständnis für Verantwortung:

„Das eigentümerfreie Datei-System (Offsystem, OFF) wurde oft als verteiltes System beschrieben, in dem niemand gegen das Gesetz verstoßen kann. Ein erstes Brightnetz.

OFF ist ein hoch verbundenes peer-to-peer-verteiltes Dateisystem. Das eindeutige Merkmal dieses Systems ist, dass es alle internen Daten als bedeutungslose Mehrzweckdatenblöcke speichert. Mit anderen Worten, es gibt keine eins-zu-eins Zuordnungen zwischen einem gespeicherten Block und seiner Verwendung in einer zugegriffenen Datei. Jeder gespeicherte Block wird gleichzeitig verwendet, um auf viele verschiedene Dateien zuzugreifen, die durch den mathematischen XOR-Mechanismus erreicht werden.

Individuell ist jedoch jeder Block nichts als willkürliches digitales weißes Rauschen. Es werden keine kreativen Werke, die urheberrechtlich geschützt sind oder nicht, zwischen OFF-Knotenpunkten kommuniziert. Es bestehen nur bedeutungslose Blöcke willkürlicher Daten.

Zum Beispiel: Denken Sie an die Zahl zwölf (12). Es kann als fünf plus sieben (5+7) oder fünfundzwanzig minus dreizehn (25-13) dargestellt werden. In diesem Fall liegt die Bedeutung nicht in den Zahlen, sondern in der Beziehung zwischen den Zahlen. Einzeln genommen sind die Zahlen 5, 7, 13 und 25 nie 12. Und sie enthalten sowieso niemals 12.

Wenn wir aus irgendeinem Grund zulassen würden, dass 12 von der Musikindustrie urheberrechtlich geschützt wäre, hätten sie immer noch keinen Anspruch auf die Nummern 5,

7, 13 und 25. Ich könnte diese Zahlen immer noch kopieren und sie herumgeben, wie ich es für richtig hielt. Solange ich die Nummer 12 nicht kopiert habe, sollte ich keine Probleme mit dem Gesetz haben.

Was passiert also, wenn Sie die „Formel" (5+7) übertragen? Dürfen Sie das tun? Was ist mit der Formel (25-13)? Was ist, wenn Sie nur (5,7) oder (25,13) übertragen? Was ist die „Bedeutung" dieser Übertragungen? (Offsystem 2003).

Während im Offsystem durch mathematische Operationen wie mit der Methode XOR Bedeutungszusammenhänge und damit auch Lesbarkeit, Sinn und Verantwortung entzerrt werden, geschieht dieses bei der Bildung von Ciphertext ebenso durch kryptographische und damit mathematische Algorithmen.

Es ist eine interessante Diskussion, ob ein Knotenpunkt, der eine Zahl „5" und eine Zahl „7" weiterleitet, aber keine Zahl „12", mehr verantwortlich gemacht werden kann für Bedeutungszusammenhänge mit einer Zahl „12" als ein Knotenpunkt, der Ciphertext erhält und diesen ohne weitere Transformation weiterleitet.

Vielmehr stellt sich auch die Frage nach Verantwortlichkeit, wenn eine Maschine eines Knotenpunktes eine weitere Maschine eines anderen Knotenpunktes steuert – z.B. durch einen Inner Envelope?

Kann diese gesendete Nachricht dann als Kopie oder als Original angesehen werden?

Die „Referenz für den Inneren Briefumschlag" (englisch: „inner-envelope reference") ist der zentrale Begriff: Es ist weder ein Problem des Inneren Briefumschlages noch ein Innerer-Briefumschlage-Phänomen von Humanen Proxys.

Es ist bekannt, dass A B(C(M)) produziert.

Es ist auch bekannt, dass B C(M) produziert.

Wenn B auch C kennt, ist C(M) ein Produkt von A oder C?

Es ist ein Produkt von A, weil ein Orakel C(M) kennt. Ein Orakel weiß auch, dass es für B möglich ist, C(M) mit geringfügigen Variationen auch (C'(M)) zu erzeugen. Das Orakel muss dann zwischen C(M) und C'(M) unterscheiden und entscheiden, welche Nachricht für C verantwortlich ist, um M zu lesen.

Das Orakel muss auch entscheiden, welche Nachricht das Original ist. Der vom Absender oder der aus dem menschlichen Stellvertreter oder einem folgenden menschlichen Stellvertreter bzw. Proxy.

Humane Proxys stellen diese Fragen, ohne dass die Nachricht XOR nutzen würde, wie das beim Offsystem der Fall wäre. Es ist nicht erforderlich, die binären Daten als Methode einer einfachen erkennbaren mathematischen Operation anzuzeigen. Hier sind verschlüsselte Daten das Ergebnis der Transformation.

Obwohl Spot-On und die Funktion der Humanen Proxies mit ihrem Inneren Umschlag Fragen stellt zur Verantwortung und Herkunft wie bei transformierten Daten des Offsystems, ist eine Nachricht hier genau die Gleiche wie sie vorher war - mit oder ohne Verwendung eines Humanen Proxies.

Inwieweit der Versand bzw. eine Weiterleitung von Ciphertext von Verantwortung befreit oder Instrumente wie Vorratsdatenspeicherung, Chatkontrolle oder Störerhaftung nachhaltig beeinflusst, wird ausgeprägt zu diskutieren sein.

Humane Proxies fragen: Kann eine Kopie verantwortlich sein, wenn das Original nicht zu finden ist?

Sie könnten auch fragen, wer verantwortlich ist, wenn eine Kopie (beabsichtigter Weise) sich als Original ausgibt. Oder Dritte meinen, weil sie keinen weiteren originären Sender finden, die Kopie sei ein Original! – bzw. der Startpunkt B einer Ende-zu-Ende-Verschlüsselung sei der Startpunkt A, weil man diesen nicht finden oder nachweisen kann oder von Humanen Proxies niemals gehört hat.

Humane Proxies fragen nicht, wie das Offsystem: Könnte eine potenzielle mathematische Operation für eine Menge eine Referenz zum Original herstellen?

Humane Proxies sind Netzwerkknoten, die verschlüsselte Daten-Pakete handlen.

5.6 - Humane Proxies sind das derzeit modernste weil auch komplexeste Mittel gegen Massen-Überwachung mit totalitären Absichten

Human Proxies erfordern die Analyse von Komplexität: Graphen (Sende-Routen) sind nicht so wie sie scheinen, Zeitanalysen helfen nicht und die Verschlüsselung tut ihr übriges, den inneren Envelope nicht zu erkennen und die Verschlüsselung selbst nicht aufbrechen zu können, da im inneren eine weitere Verschlüsselung wartet.

Insbesondere die Verschlüsselung in Kombination mit der Netzwerk-Route erzeugen eine Stärke nicht nur im Echo-Protokoll, sondern auch die Funktion des Human Proxies profitiert davon: Schlicht ausgedrückt kann der Human Proxy Knotenpunkt die Nachricht, die er weiterleitet oder neu in das elektronische Netzwerksystem der Knotenpunkte und Briefkästen einwirft, gar nicht lesen.

Abbildung 3: Weitere Schlussfolgerungen und
Konstanten, die für Humane Proxies gelten können

Weitere Schlussfolgerungen und Konstanten, die für Humane Proxies gelten können

- Abgesehen von einer Timing-Analyse wird ein Beobachter glauben, dass die Nachricht von A, B(R(M)) für B ist. Die tatsächliche Nachricht R(M), wie auch immer, ist jedoch bestimmt für C.

- B kann C's Nachricht nicht lesen.

- B weiß nicht, dass C der Empfänger ist.

- In unserem zweiten Beispiel, sind B und C nicht verbunden und daher sind sie sich in ihrer Existenz gegenseitig nicht bewusst.

Freunde werden zu einem SecureDrop (oder auch Deaddrop genannt) - ein sicherer Briefkasten für den Beginn einer Ende-zu-Ende-Verschlüsselung.

SecureDrop (englisch: Sicherer Einwurf) ist eine freie Plattform zur sicheren Kommunikation zwischen Journalisten und Whistleblowern. Die Webanwendung wurde ursprünglich unter dem Namen DeadDrop bzw. Strongbox von Aaron Swartz, James Dolan und Kevin Poulsen entwickelt.

Nach dem Tod von Aaron Swartz wurde das Projekt im Jahr 2013 von der Freedom of the Press Foundation übernommen und unter dem Namen SecureDrop fortgeführt. Inzwischen gibt es Installationen von verschiedenen Organisationen, darunter sind auch The Guardian, The Washington Post, The Intercept, die New York Times, die Süddeutsche Zeitung und der Heise-Verlag.

2016 erhielt SecureDrop den FSF Award der Free Software Foundation.

Bei den Human Proxies geht es nicht allein um das Vorhalten eines physischen oder elektronischen Einwurf-Briefkastens, sondern das Konzept geht weit darüber hinaus: Jeder kann in seinem Netzwerk einen Stellvertreter auswählen und den Computer bzw. Knotenpunkt eines

Freundes für den Versand seiner Nachricht nutzen und damit einen neuen Startpunkt einer Ende-zu-Ende-Verschlüsselung erstellen.

Human Proxies sind daher das derzeit modernste weil auch komplexeste Mittel gegen Massen-Überwachung mit totalitären Absichten: die Sender sind nicht überwacht, sie können einen Humanen Proxy haben, Routen-Planungen nehmen aufgrund des Echo-Protokolls unvorhersehbare Routen, es ist ein Beyond Cryptographic Routing gegeben, das Rata Retention fast unmöglich macht und aufgrund des komplett verschlüsselten Netzwerkverkehrs kann schließlich Überwachung nur sehr eingeschränkt zu Erkenntnissen kommen. Eine weitere Entwicklung hin zu totalitären Gesellschaften qua technischer Überwachung wird diese drei in der Verschlüsselung-Software Spot-On vorhandenen Paradigmen zukünftig weiteren Bedarf zur Forschung und Entwicklung ermöglichen.

Darüber hinaus werden die weiteren kryptographischen Innovationen dieser Software das Lernfeld der Kryptographie mit zahlreichen

Explorationen und Diskussionen auf modernere Grundlagen stellen.

Ein neben dem Paradigma „Beyond Cryptographic Routing" bestehendes Paradigma – die Idee von „Trepidation of Memory" – lässt sich mit der Funktion und dem Konzept der Humanen Proxies weiterentwickeln zu einem Paradigma von „Trepidation of Relationship". Es wird neben der Plausiblen Deniability damit eine weitere grundlegende Diskussion in der Spionage der Geheimdienste und ihrer theoretischen Ausbildungsgrundlagen initiieren.

5.7 - Von „Trepidation of Memory" zu „Trepidation of Relationship"

Zu dem Konzept von „Trepidation of Memory" wurden in dem Buch „Super Secreto" (2020) einige Entwicklergedanken von Textbrowser zur Sicherheit in der Applikation Spot-On dokumentiert: Bislang wird ein Schlüsselpaar -

bestehend aus einem privaten Schlüssel und einem öffentlichen Schlüssel - bei der asymmetrischen Verschlüsselung zum selben Zeitpunkt erzeugt.

Was ist nun, wenn sehr viele Schlüsselpaare erzeugt werden und ein Angreifer die öffentlichen Schlüssel den privaten Schlüsseln erst zuordnen müsste? Und nun eine Zeitkomponente wie in einer Timeline hinzukommt, so dass die Pärchen-Passung (von öffentlichem und privatem Schlüssel einer asymmetrischen Verschlüsselung) verblassen könnte und in eine historische Vergangenheit geraten könnte?

Es gibt bildlich gesprochen nur einen Zeitpunkt im Weltall, an dem zwei Asteroiden zusammenstoßen – danach können beide nicht mehr als Teilnehmer am Geschehen identifiziert werden, weil zu viele Einzelteile im Weltall umherschwirren bzw. auch beide Objekte schon wieder weit voneinander entfernt sind.

Das besagt, kurz und bildlich beschrieben, das mathematische Konzept von „Trepidation of Memory" (op. cit).

Dieser Gedanke kann bei der Software-Applikation Spot-On auch auf zwei Teilnehmer bezogen werden, die ihren öffentlichen Schlüssel irgendwann in der Vergangenheit getauscht haben. Auch die Erinnerung, dass wir Freunde sind, mag vor externen Analysten vertrüben, wenn wir nicht kommunizieren.

Es ist für Analysten und Beobachter nicht möglich, ein Netzwerk-Geflecht und Freundeslisten auszulesen, die irgendwann einmal in der Vergangenheit angelegt wurden. Dieses nennen wir „Trepidation of Relationship": der Schlüsselaustausch mit einem Freund fand irgendwann in der Vergangenheit statt.

Und nun nach Zeiten des Schweigens und Nicht-Kommunizierens, wird dieser alte Freund reaktiviert und als Human Proxy eingesetzt. Nicht ich selbst leite den Brief als Start-Endpunkt an den Empfänger weiter, sondern der Proxy-Freund. Bezeichnen wir diesen als Endpunkt „Start 2".

Mit Humanen Proxies ist nun also vergleichsweise ein „Alter Ego" eingeführt worden, ein zweites Ichs, das über einen Freund realisiert wird.

„Alter Ego" (lateinisch für ein zweites (anderes) Ich (von sehr vertrauten Freunden)) ist ein geflügeltes Wort und wird als Fachbegriff in verschiedenen Bereichen von Wissenschaft und Kultur verwendet.

Der Begriff „Alter Ego" geht auf den römischen Politiker und Philosophen Cicero zurück, der um 44 v. Chr. in Laelius de amicitia schrieb: „verus amicus [...] est [...] tamquam alter idem" (21, 80): Ein wahrer Freund ist gleichsam ein zweites Selbst. Cicero griff dabei auf einen Ausspruch Zenos zurück. Dessen ursprüngliche Formulierung wurde von Seneca der Jüngere aufgegriffen und wandelte sich dort zu der heute gebräuchlichen Form „Alter Ego". Die Bezeichnung ist daher in vielen Sprachen ein geflügeltes Wort.

In der Kommunikationspsychologie gibt es eine Alter-Ego-Technik, auch Doppeln genannt; eine Therapie- oder Beratungsform, bei der ein Moderator (z. B. Kommunikationspsychologe) für einen der Teilnehmer dessen mögliche „unbewusste Handlungen und Gedanken oder alternative Möglichkeiten" ausspricht, sich dabei eventuell hinter ihn stellt.

Alter Ego (identisch also mit in diesem Sinn „Doppel") ist in diesen Verfahren einer Struktur-Aufstellung (bzw. auch Psycho-Drama genannt) eine Bezeichnung für den Stellvertreter des Protagonisten (Sparrer 2006). Das „Doppel" steht, wenn es erforderlich ist, stellvertretend für den Protagonisten in der Szene und spiegelt ihn wider. Dieser kann die von ihm dargestellte Situation nun von außen betrachten und seine eigenen Reaktionen besser einschätzen oder sich sogar Alternativen zeigen lassen.

Manche werden sagen, im Internet ist ein Avatar oder Nickname schon seit Jahren üblich, doch dieser ist lediglich zu betrachten wie ein Spitzname. Es ist ein kosmetisierendes Label für das Ich, aber kein anderes Ich. Das heißt: Wer hinter einem Avatar, Spitznamen oder Twitter-Namen steht, ist auf Netzwerkebene genauso schnell zu identifizieren, wie wer hinter einer regulären IP-Adresse agiert.

Ein Humaner Proxy als Alter Ego hingegen führt eine neue Identität ein, die zudem von der eigenen Identität plausibel abstreitbar ist. Dieses ist wichtig. In der Spionage-Wissenschaft geht es nicht nur um die wasserdichte Abstreitbarkeit, sondern auch darum, entweder alte Freunde zur Hilfe bei etwaigen Operationen reaktivieren zu können, aber sie gleichzeitig auch wasserdicht abstreiten zu können.

Diese Abstreitbarkeit einer menschlichen Beziehung geschieht entweder darüber, dass sie sehr alt in der Vergangenheit liegt. Eine Mutter, deren Kind bei ihrem jetzigen Mann aufwächst, wird ggf. niemals offenbaren, dass sie den Nachbarn kannte, der der wirkliche biologische Vater des Kindes ist.

Eine Abstreitbarkeit wird darüber hinaus zunehmend sicherer, wenn sie auch reziprok gilt: Der Sender der Nachricht und der Proxy können sich kaum gegenseitig kompromittieren: Der Freund weiß nicht, dass eine Nachricht über ihn gesandt wurde, er als Proxy diente. Und der originäre Sender hat den Brief des Proxies nicht eingeworfen.

Es ist nicht nachvollziehbar, dass der Sender einen seiner Freunde in der Freundesliste vor Versand einer Ende-zu-Ende Verschlüsselung mit einem Haken versehen hat, so dass seine Nachrichten über ihn gesandt werden. Und

umgekehrt, der neue Startpunkt-2 einer Ende-zu-
Ende-Verschlüsselung, der Humane Proxy, weiß
erstens nicht, dass er als Proxy ausgewählt
wurde, noch weiß er aufgrund der
Verschlüsselung, welchen Nachrichten-Inhalt er
mit dem inneren Envelope weitergeleitet bzw.
erneut losgesandt hat.

Ein Freund wird so zu einem Delegierten, zu
einem Double, zu einem Repräsentanten – zu
einem Humanen Proxy, der die Nachricht in einen
Ende-zu-Ende verschlüsselten Kanal gibt.

Aufgrund der geschilderten Umstände von
Trepidation of Relationship, ist nicht geklärt, wer
wen kennt, wer wen auf der Freundesliste hat
und wer wann mit wem in der Vergangenheit
einen Schlüssel getauscht hat, um eine
Freundschaft zu schließen, um auf der
Freundesliste des Freundes zu stehen. Auch ist
der Schlüssel des Freundes nicht mit einer
aktuellen IP-Adresse verknüpfbar.

Durch den möglichen Schlüssel-Tausches in der
Vergangenheit kann ein Freund auf der
Freundesliste also unbekannt sein und wird damit
zugleich zu einem Schläfer, der erst aktiviert wird,

wenn er als Humaner Proxy eingesetzt wird: Humane Proxies können ruhende Stellvertreter sein: Es erinnert an den Geheimdienst-Agenten-Film „Salt" mit Angelina Jolie, als sie feststellt, dass ein jahrelang auf seinen Einsatz wartender Maulwurf sich im Weißen Haus in die Luft sprengt, um den Präsidenten in den Schutzkeller zu zwingen, damit dort ein weiterer Doppel-Agent angreifen kann.

Wie lang sollten daher in der Kryptographie Erzeugungsprozesse für Schlüssel-Pärchen bestehend aus einem öffentlichen und einem privaten Schlüssel, die nach ihrer Kreierung wie siamesische Zwillinge getrennt wurden, rückverfolgt werden? – um einen öffentlichen Schlüssel auch gewisse Zeiträume nach seiner Erzeugung, der in einer Freundesliste gespeichert ist, erkennen zu können, falls er als Humaner Proxy eingesetzt wird oder werden könnte?

Vorratsdatenspeicherung bezieht sich daher nicht nur auf genutzte IP-Adressen, auf Standorte von Menschen wie bei der Speicherung von Fluggast-Daten, sondern eine Forderung zur Vorratsdatenspeicherung könnte sich in diesem Sinne auch auf die Zeitpunkte zur Kreierung von zusammengehörenden öffentlichen und privaten Schlüsseln beziehen – um einen Einsatz eines ruhenden öffentlichen Schlüssels als Proxy zu bestimmen und einem privaten Schlüssel zuordnen zu können?

– Das ist sicherlich sehr weit gedacht, zumal die Erzeugung von Schlüsseln zur Verschlüsselung nicht totalitär zu kontrollieren ist. Die Diskussion um Trepidation of Relationship - neben den Diskussionen um Plausible Deniability - kann jedoch diese Überlegung nahelegen, wenn Computer heutzutage eine Vielzahl von kurzeitigen ephemeralen Schlüsseln generieren und einer dieser davon aus der fernen Vergangenheit aktiviert wird, um einen Humanen Proxy zu gestalten.

Die vollständige Indexierung der Menscheint ist nahe. Gleiches gilt auch für eine Archivierung der Gesundheitsdaten der Menschen z.B. für Kohorten-Analysen über die kommenden Jahrhunderte hinweg. Die hier technologisch fundierte Begründung eines Humanen Proxies als Alter Ego wird in Zukunft zunehmen, wenn es darum geht, gespeicherte Aspekte seiner selbst löschen zu wollen oder sie durch einen

Stellvertreter gar nicht erst sich selbst zu schreiben lassen zu wollen oder die kryptographischen Schlüssel in der Zukunft zentralisiert erfasst werden sollen.

Dieser Einsatz von Proxies wird nicht nur auf der Makro-Ebene von Staaten der Fall sein, wie es bislang schon oft vorgekommen ist, dass ein dritter, intermediärer Staat bei zwei Kriegsparteien vermittelt oder Ereignisse nicht eindeutig zunächst gedachten Initiatoren zugeordnet werden können.

Es wird ebenso auf der Mikro-Ebene eine zunehmende Rolle spielen, wenn persönliches Verhalten bzw. individuelle Identitäten frei sein sollen von Zuschreibungen zu Meinungen oder Taten.

Insbesondere auf einer Ebene der Einzelnen in der Gruppe oder Gesellschaft (Meso-Ebene) werden Stellvertreter im Zuge einer totalen Indexierung der Menschheit erforderlich werden, wenn Menschen sich von „Gesandtem" als Initiator und originärer Sender emanzipieren wollen oder müssen, sich von alten Gesundheitsdaten emanzipieren wollen, diese löschen wollen oder einen Stellvertreter bei Versand von Nachrichten nutzen wollen, damit diese vorausschauend zukünftig nicht auf sie angewandt bzw. rückbezogen werden könnten.

Zentral in dieser Zukunftsperspektive ist, dass die elektronische Unterstützung in der Nutzung von Proxies wachsen wird. Humane Proxies stehen daher mit ihrem grundlegenden Konzept am Beginn dieser Entwicklung.

Es geht nicht nur um das gesicherte Recht auf Löschung von Daten. Zahlreiche psychologische Prozesse werden in diesem Kontext referenzierbar werden, wenn ein Mensch in seinem digitalen Leben sich die Option offenhalten möchte, zu sagen: Das war nicht ich oder das ist nicht auf mich zu beziehen. Wende dich bitte an mein Alter Ego - den Du aber aufgrund der Trepidation of Relationship, der Nutzung eines Humanen Proxies, eines Freundes im Netzwerk, gar nicht erkennen, nachweisen oder aufgrund der Nutzung von Verschlüsselung nicht zur Rede stellen kannst.

6 – Wenn Maschinen Maschinen steuern: Bewerte jeden als ein Proxy

Proxies sind nicht nur stellvertretend Handelnde oder Schilde, um Zuweisungsprozesse nicht adressieren zu können. Proxies sind ggf. auch nicht-selbst Handelnde, sondern sie können auch gesteuert sein.

Eine Maschine gibt ein Signal für eine andere Maschine, die dann ihren Dienst ausführt. Das ist trivial. Wir kennen es aus zahlreichen Kriminal-Serien im Fernsehen: Ein Erpresser kann mit einem Telefon eine Nummer anwählen, die mit einem Klingeln in der Ferne eine Explosion auslösen soll.

Dieses einfache Signal-Response-Modell lässt sich erweitern zu einem komplexeren Modell, in dem verschiedene Sensoren und Parameter zweier Maschinen in jeder Maschine mit entsprechend einschätzendem, im Kontext bewertenden und reagierenden Algorithmus jede einzelne Maschine agieren lässt:

- so z.B., als wenn zwei Schachcomputer gegeneinander spielen,

- zwei Roboter wie ATLAS oder F.E.D.O.R. (vgl. Zick 2017/2021) im Boxkampf gegeneinander antreten (ggf. auch als Stellvertreter für Nationen, deren Kampf-Ergebnis allgemein anerkannt wird, um gefallene Soldaten zu vermeiden).

- oder wenn autonom fahrende Fahrzeuge mit verschiedenen Sensoren Parameter-Bewertungen durchführen, ob ein entgegenkommendes Auto autonom oder menschlich gesteuert ist und hier ggf. differenziert und zunächst in der ersten Einschätzung unbestimmt reagieren könnten (vgl. den Begriff der „Doppelte Kontingenz" nach Parsons 1971, Luhmann 1984).

Humane Proxies im bislang vorgestellten Modell des Netzwerk- und Verschlüsselungs-Programms Spot-On sind Freunde, die auf deren Veranlassung hin eine Nachricht absenden in einem neuartigen Modell einer Ende-zu-Ende Verschlüsselung.

Überträgt man die Eigenschaften Humaner Proxies auf jegliches Beispiel eines Proxies im politischen, sozialen und gesellschaftlichen Kontext, so wäre durch das Inner Envelope Paradigma grundsätzlich eine plausible Abstreitbarkeit gegeben.

Sämtliche Aktionen sind nicht zuweisbar und der Startpunkt einer Ende-zu-Ende Verschlüsselung ist nicht der reale, sondern ein zweiter.

Und dennoch steuert eine Maschine in einem Knotenpunkt die Maschine in einem weiteren Knotenpunkt.

Es gilt also universell zu berücksichtigen, dass Maschinen Stellvertreter – Humane Proxies – haben können.

Wie auch ein Inner Envelope (bzw. grundsätzlich eine weitere Verschlüsselung in der Verschlüsselung und Mehrfachverschlüsselung) so könnte auch ein Humaner Proxy grundsätzlich bei der Analyse eines Netzwerkes immer mitgedacht werden: Jeder externe Betrachter auf ein Netzwerk muss sich in einem Echo-Netzwerk mit potentiell vorhandenen Humanen Proxies nunmehr die Frage stellen, ob er eine weitere

Realitätsebene bzw. einen dahinterstehenden Netzwerk-Knoten in der Konstellationen eines erweiterten Netzwerkes berücksichtigen will, oder eben nicht.

Warum sollte also nicht jeder Freund in einem Echo-Netzwerk annehmen, dass er als ein Stellvertreter ausgewählt bzw. missbraucht wird? Aufgrund der verschlüsselten Inhalte wird man beides nicht annehmen können.

Potentiell kann ein Besitzer eines Knotenpunktes Unbehagen spüren, Ciphertext weitergeleitet zu haben, davon auch nichts wissen oder sich auch als stolzer Dienstleister verstehen.

Analysten von Netzwerk-Knotenpunkten, Netzwerk-Pfaden und Verschlüsselung müssen seit der Humanen Proxies im Echo-Netzwerk annehmen, dass jeder einen Stellvertreter eingesetzt haben könnte – jeder Knotenpunkt kann jegliche Realität abstreiten („Ich als Knotenpunkt habe diesen Plaintext nicht versendet, er kommt aus einer anderen Realität") oder nur seine Realität annehmen („Ich als Proxy habe nur mir unbewussten Ciphertext versendet") oder wenn ein Proxy selbst einen

Proxy verwendet auf eine in Zukunft neu geschaffene Realität verweisen („Schaue den Versand aus einem dritten Knotenpunkt heraus an, der mit meinem Versand einer verschlüsselten Nachricht nicht übereinstimmt, ich bin dazu nicht der Originator der Nachricht").

Diese Annahme, dass auch der andere Knotenpunkt ein originärer Sender sein kann, kann zu existenzialistischen und erkenntnistheoretischen Fragestellungen und Überlegungen führen.

Es könnte noch eine weitere, zweite (oder gar dritte) Realität eines weiteren Knotenpunktes geben, die dahinterstehen könnte (vgl. dagegen zur Realität die Annahmen eines Gefangenen in Platons Höhlengleichnis).

Niemand - auch kein externer Netzwerk-Analyst, der nur einen Teil des Netzwerkes im Blick hat - kann annehmen, dass ein bestimmter Briefkasten im Netzwerk des Kommunikationssystems den Nachrichten-Brief eingeworfen bekommen hat – es könnte noch andere Briefkästen geben.

Sollte damit jeder, der sich in einer Höhle (aka Netzwerk-Knotenpunkt) befindet, annehmen können, dass es auch noch andere Höhlen (aka Netzwerk-Knotenpunkte) gibt? Oder muss in jedem Knotenpunkt (aka Höhle) ein erkenntnisloser, unwissender Gefangener berücksichtigt werden?

Jeder Netzwerk-Knoten kann potenziell in die Vermutung geraten, ein originärer Sender einer Nachricht zu sein. Es ist eine Frohe Botschaft, die alle und einen jeden betreffen kann.

Die Frohe Botschaft kommt nicht mehr durch den einen originären Sender und sie kommt auch nicht mehr durch einen Stellvertreter. Mit der Annahme, dass jeder ein originärer Sender oder auch ein Proxy sein kann, kann die Frohe Botschaft potenziell allen zugesprochen werden.

Jeder wird potenziell zur Gottheit? – nichts anders besagt der Pan-Theismus in allen dezentralen Entitäten. Nichts anderes geschieht in einem Echo-Netzwerk, in dem die Teilnehmer sich gegenseitig als einen Humanen Proxy erwählen können: Jeder könnte als Originator einer Botschaft vermutet werden. Ob es eine Frohe Botschaft ist, wissen wir aufgrund der Verschlüsselung nicht. Auch bleibt unbekannt, wer wen auf seiner Freundesliste hat (vgl. oben „Trepidation of Relationship").

Um es mit der Musikgruppe Hot Chocolate zu sagen: Die Titel-Zeile „Everyone's a winner, baby, that's the truth" könnte geändert werden in die Zeile: „Everyone's a Proxy, baby, that's the truth".

Deutungs-Hoheiten und Wahrheiten werden damit allen transferiert, und es besteht keine Monopolmacht mehr, die eine Deutung eindeutig verorten oder nur einem Netzwerkknotenpunkt zuweisen könnte. Und diese Mehrdeutigkeit wird von einer anderen Maschine gesteuert.

7 - Forschungs- und Entwicklungs-Perspektive: proxifying proxied data (die Meta Ebene des Inneren Briefumschlages) und die Vision der Interoperabilität von Endpunkten in der Kommunikation

Das für Proxy-Ketten bekannte Programm Tor (Dingledine et al. 2004) stellte bislang nur die punkt-zu-punkt bzw. peer-zu-peer Weiterleitung von Webseiten in dem sogenannten Onion-Routing bereit: Jeder Knotenpunkt kann sehen, was durch ihn weitergeleitet wird.

Sicherer ist ein friend-zu-friend Netzwerk mit Verschlüsselung: Das Programm Psiphone ermöglichte vor seiner Weiterentwicklung und Kommerzialisierung die Einrichtung eines Nutzers, eines Freundes, in einem Browser. Dieser Freund konnte dann mit seinem Browser über eine verschlüsselte Verbindung durch die Psiphone-Instanz des Freundes mit der IP-Adresse eines Freundes im Internet weitersurfen (Deibert 2001).

Aus einem Proxy mit einer Peer-zu-Peer- bzw. Punkt-zu-Punkt-Schnittstelle, wird hier per Berechtigungskonzept eine Freund-zu-Freund Architektur, jedoch ohne dass dem Freund die Inhalte der aufgerufenen Webseiten verborgen blieben.

Einen dedizierten Freund aus einem Messenger heraus als Proxy zu definieren war bislang auch hier nicht möglich, da es sich um eine Knoten-Installation handelte - ohne Freundesliste und es gab keinerlei Inner Envelope, der eine durchgehende Ende-zu-Ende-Verschlüsselung ermöglichte.

Auch das für eine Freund-zu-Freund Architektur bekannte Messenger-System Retroshare hat keine durchgehende Ende-zu-Ende-Verschlüsselung. Ein Paket wird jedes Mal an jedem Knotenpunkt von diesem entschlüsselt. RetroShare basiert auf dem von Andre Tanenbaum et al. vorgestellten Turtle-Hopping-Protokoll, bei dem eine Kette von Freunden statt Peers ein Paket jeweils weitereichen, aber auch auspacken können, da nur eine Punkt-zu-Punkt-Verschlüsselung bei jedem Hop zugrunde liegt (RetroShare 2021, Popescu, Crispo, Tanenbaum 2004).

Erst das Steam-Protokoll des Messengers Smoke hat eine durchgehende Ende-zu-Ende Verschlüsselung über verschiedene Freunde wie auch Peers etabliert und gilt daher als auf dem umfassendsten neuen Stand einer Ende-zu-Ende Verschlüsselung, die ihre Schlüssel über das

Netzwerk tauschen kann (Smoke Documentation 2020, Moonlander 2020, Tenzer 2022).

Ende-zu-Ende verschlüsselte Netzwerke sind der Nachfolger von Peer-zu-Peer- und Freund-zu-Freunden-Netzwerken. Die Diskussion um die Frage, ob P2P oder F2F die bessere Architektur für ein Netzwerk sei, wurde beantwortet: Es ist ein Ende-zu-Ende verschlüsseltes Netzwerk (das meistens ein darunterliegendes Freund-zu-Freund-Netzwerk verschlüsselt).

Während also das Steam Protokoll (Ende zu Ende Verschlüsselung über Peers und Freunde) sowohl das Protokoll des Onion Routings (Punkt-zu-Punkt Verschlüsselung über Peers) also auch das Protokoll des Turtle-Hoppings (Punkt-zu-Punkt Verschlüsselung über Freunde) innoviert, geht das Protokoll für die Humanen Proxies noch einen Schritt weiter: Es bietet Ende zu Ende Verschlüsselung mit Stellvertretern an.

Eine weitere Zukunftsperspektive in dieser Freund-zu-Freund durchgängig Ende-zu-Ende verschlüsselten Kette ist für die weitere Forschung und Entwicklung bereits heute ersichtlich: Humane Proxies könnten noch weiter ausgebaut werden.

Zum Beispiel kann B R'(M) in V(R'(M)) verwandeln, wobei V B`s Proxy ist. Es kommt eine Meta-Ebene auf die Meta-Ebene: Ein Proxy durch einen Proxy. Daten eines Proxies ein weiteres Mal durch einen Proxy zu senden beschreibt die Meta-Ebene von Inneren Umschlägen. Möglicherweise gibt es Innere Innere Innere ... Umschläge, alle mit derselben Nachricht, aber von verschiedenen Startpunkten aus gesendet.

Da der innere Umschlag unendlich Umschläge hinzufügen kann und jeder Netzwerkknoten möglicherweise einen eigenen Human Proxy aufweist, vervielfältigt sich nicht nur die Verschlüsselung, sondern auch die mögliche Menge an Absender und Routenoptionen erhalten eine hohe Komplexität.

Dieses erinnert an die Matrjoschka Puppen: Diese sind aus Holz gefertigte und bunt bemalte, ineinander schachtelbare russische Puppen mit Talisman-Charakter: In jeder Holzpuppe steckt eine weitere Holzpuppe und so fort. Der Weltrekord liegt übrigens laut dem Guinness-

Buch der Rekorde bei 51 Puppen, die ineinander gestapelt wurden und wurde 2003 in den USA aufgestellt.

Was passiert derzeit in Spot-On, wenn man sich für zwei Proxys gleichzeitig entscheidet? Werden beide Proxys dieselbe Nachricht R'(M) senden?

In einer einzigen Instanz von Spot-On ist das derzeit nicht möglich: Wenn A eine Nachricht an D sendet und B ist der Proxy von A, während C der Proxy von B ist, bleibt B der führende Proxy.

Mehrere Proxies erfordern P x Q Nachrichten. P = Teilnehmer und Q = Proxies. Jetzt sind es nur Nachrichten von P. P x Q ist in der To-Do-Liste vermerkt, weil es ein nächster Schritt ist, das einzuprogrammieren.

Das bedeutet: Es ist eine Forschungs- und Entwicklungsperspektive, Proxys anzuhängen, eine Kette von Proxys herzustellen, z.B. in dem Fall, wenn ein Proxy auch einen Proxy verwendet.

In TOR ist eine Nachricht mit mehreren Hüllen eingeschlossen. Nehmen wir also an, ein Knoten besucht MIT.edu. Es gibt eine Anzahl von Schalen zwischen dem Knoten und der Website MIT.Edu.

Die Webseite MIT.edu kennt einen der Knoten. Dieser Knoten weiß, dass es n - 1 Knoten gibt. Es ist vielleicht komplizierter.

Bereits jetzt wird deutlich, dass die Nachricht in Spot-On nicht wie in TOR in verschiedene Hüllen gepackt wird, bekannt auch als Zwiebel-Routing: Stattdessen weiß B im Echo-Protokoll mit Humanen Proxies Nachricht nicht, dass eine Nachricht an D (B`s Proxy) zu adressieren ist. Die Verbindung (die indirekt, direkt oder beides sein kann) zwischen B und D kann nur vermuten, dass B und D miteinander bekannt sind.

In einem solchen Spot-On wird eine Nachricht durch einen Proxy entweder ent-proxifiziert oder auch erneut re-proxifiziert. Die neue Nachricht ist neu. Die Routen bleiben unbekannt - wegen des Echos. In der proxifizierten und ent-proxifizierten Nachricht gibt es nichts, was den nächsten Knoten definiert.

Die Verantwortungs-Zuweisung wird allein schon dann komplex, wenn der zweite Proxy einen inneren Envelope eines ersten Proxies sendet. Wer ist dann verantwortlich, der Originäre

Sender, der humane Proxy oder der Proxy des Proxies?

Kann im Umkehrschluss der Proxy z.B. auch hinsichtlich juristischer Verantwortlichkeit gewertet werden, als wenn er der Originator einer Botschaft sei?

Ist der erste Human Proxy für den zweiten, seinen eigenen Human Proxy zu werten, als wenn er der originäre Sender wäre?

Schließlich kann der (Besitzer eines) Proxy nicht nur mitteilen, ich bin ein Stellvertreter und damit nicht verantwortlich, sondern er kann auch mitteilen, dass er eine Vollmacht habe, zu handeln.

Was ist, wenn der Besitzer eines Humanen Proxies aussagt, dass er der letzte in der Kette der Proxies gewesen sei? Er sozusagen der erste originäre Sender sei? (z.B. um den tatsächlichen originären Sender zu schützen).

Somit kann der erste Humane Proxy z.B. eine gesandte Botschaft bejahen, weil er diese in verschlüsselter Form ja nicht kannte. Er kann sie aber genauso gut verneinen. Welche

Auswirkungen hat es auf seinen eigenen Humanen Proxy und welche Auswirkungen hat es auf den originären Ersteller der Nachricht?

Mit einer Freundesliste in einem Messenger-Netzwerk, kann nun jeder einen anderen Freund als Proxy einsetzen. Jeder kann dem anderen ein Humaner Proxy sein.

Damit wird die Schutz- bzw. Tarn-Funktion eines Proxies jedoch multiple bzw. unendlich und erhält eine Charakterisierung wie man sie von den Matrjoschka Puppen her kennt.

Neu ist in diesem Sinne beliebig erweiterbarer innerer Envelopes, dass mit einfachen Mitteln einer Freundesliste im Messenger die Startpunkte einer Graphen-Kette neu definiert werden.

Eine andere Perspektive besteht darin, einen Humanen Proxy in einen Zero-Proxy zu verwandeln: Stellen Sie sich vor, ich möchte die URL-Datenbank von Spot-on über meinen Knoten abfragen oder andere Knoten abfragen und diese Ergebnisse erhalten, ohne Links freigeben zu müssen.

Ein Zero-Proxy könnte so funktionieren:

Frage den Zero-Proxy wie im Stile von: https://public-server:8085. Dieser Listener sendet nur die Anfrage ins Echo und andere Systeme verarbeiten sie, oder auch nicht, und geben die Ergebnisse zurück. Schlüssel? „Public-Server:Port" ist ein Alias. Benötigt also keine Privatsphäre für solche Anfragen, weil sie öffentlich sind. Willst Du es privat? Wähle natürlich einen lokalen Host: VPS:8085 ist nicht geheim, aber „My-Server" ist es, der mit VPS auf 4710 verbunden ist.

Hier werden kein SSH und Schlüssel und Verteilungen benötigt. Wir können Daten erhalten, indem wir diese einfach anfordern. Wenn man es implementieren würde - wäre es eine weitere implementierte Idee.

Dann erhält der Browser eine Antwort oder mehrere Antworten. Wir wissen es nicht und müssen es nicht wissen, welche Protokolle dazwischen sind oder benötigt werden, um die Daten zu aggregieren. Es ist nur eine andere Art von Nachricht. Also, wer fragt, was sind Humane Proxies? Dies ist eine weitere Funktion Humaner Proxies: ein Zero-Proxy.

Denken wir in Bezug auf mehr Allgemeinheit nach: Kann jemand das tun?

Dies führt zu einem allgemeineren Ansatz der Spot-On-Anwendung für Verschlüsselung: Interoperabilität.

Spot-On führte das Konzept der Interoperabilität in der Kommunikation ein: In Spot-On finden wir die Vision von Zero-Spezifischem. Dies könnte auch ein Modell für all diese anderen Kommunikationssysteme sein.

Was ist das Ziel für eine Kommunikations-App? Eine Textnachricht senden oder eine Datei - wie ein Bild - teilen? Aber wo ist die Funktion der Interoperabilität? Oftmals gibt es keine. Oftmals ist es Null. Was ist das? Ein Komitee bilden und sich auf ein Protokoll einigen? All diese Listen und Foren und der Zero-Push, um eine Reihe von Menschen dazu zu bringen, ein Protokoll für alle zu erstellen: Einige wollen spezifische Einzelheiten, weil sie denken, dass dies Sicherheit und Funktionen schafft? Es macht es nicht? Stellen wir uns vor, TCP wäre nicht interoperabel. Eine Stadt Babel - das haben derzeit Plattformen und Kommunikationsanwendungen erstellt: in sich geschlossene Systeme ohne Einsicht von irgendjemand anderem. Selbstzensur und das wird geliebt. Und sicher, es gibt eine Verschlüsselung, die auch Standardisierung erfordert: Für einige Apps ist es einfacher, in einem bereits vorhandenen Kommunikationskanal den Ciphertext verschlüsselte Nachrichten auszukopieren und wieder einzufügen, die z.B. durch das Rosetta-Crypto-Pad konvertiert wurden, als eines dieser anderen Verschlüsselungsprozesse und - Anwendungen zu verwenden.

Viele dieser Anwendungen: Retroshare, sogar Shareaza (wegen der Anwendung und nicht der Protokolle), Signal, Telegramm und auch Tor - sind nur für sich selbst offen. Niemand kann eine Verbindung zu diesen Apps herstellen und eine Datei ohne diese installierte App freigeben.

Sogar E-Mail ist von Anbietern klebrig und gebrochen: Google hat seinen nicht sicheren Zugriff auf E-Mail geschlossen. Neue Programme müssen dem Code ihrer gezielten Sicherheitsfunktionen enthalten. Zero-Access von Alternativen.

Die Idee der Interoperabilität besteht darin, dass einige Teams ihre Software auf einem Desktop neben einem Handy erweitern und verwenden?

Die Interoperabilität einer Echo-Anwendung respektive eines Knotens wie Spot-On oder der mobilen Anwendung Smoke Messenger besteht darin, eine Datei von der Anwendung an eine Maschine zu senden, die diese Anwendung gar nicht spricht bzw. installiert hat. Das ist visionär und das ist die Idee der Interoperabilität: Teilen wir Daten von mehreren Geräten mit und ohne Spot-On an einem der Enden installiert. Der Startpunkt respektive der Endpunkt ist nicht nur ein zweiter, der einen (Humanen) Proxy verwenden kann, sondern er ist auch eine Zero-Proxy, an dem selbst die Anwendung nicht installiert ist bzw. sein muss, z.B. wenn wir eine Datei von einer Echo-Anwendung einfach direkt an ein SSH-Ende einer Maschine senden.

Wollen wir keine Schlüssel unserer Lieblings-App? Gut, optional. Spot-On macht das. Einige Dinge sind optional, andere nicht. Das ist jeweils die Fähigkeit der Anwendung.

Im Echo kann man Texte über die Anwendung schreiben und z.B. das Schach-Spiel „Qtchess" spielen - verschlüsselt mit dem anderen Endpunkt oder nicht - ohne jemandem zu sagen zu müssen, dass man dies über diese Anwendung tut. Spot-On und das Echo bieten diese Vision der Interoperabilität von Endpunkten in der Kommunikation bereits in der Realität.

Das ist viel Forschungs- und Entwicklungsperspektive für die Zukunft. Das aktuelle vorgeschlagene Modell existiert in Spot-On. Es gibt nicht mehrere Proxys, da dieses Modell als zukünftiges Modell angesehen wird, das neben Text-Nachrichten auch Webseiten oder Daten umfassen kann. Man kann jedoch auch eine Grafik mit der Base64-Methode in Text umwandeln und sie dann als Nachricht senden. Damit können sogar bereits jetzt Dateien von Humanen Proxys proxifiziert und gesendet werden.

Für weitere Forschung und Entwicklung in Bezug auf die Proxifizierung einer proxierten Nachricht oder von Daten siehe die vollständigen Spezifikationen der Funktion von Humanen Proxies in dem Programm-Code der Anwendung

Spot-On und in der technischen Dokumentation. Dort wird sie neben diesem Aufsatz mit weiteren Details erläutert, wie dem nun folgenden kurzen Abschnitt über die Auswirkungen von Humanen Proxies auf die End-to-End-Verschlüsselung.

8 - Humane Proxies – Eine neue Richtung und Ebene für Ende-zu-Ende Verschlüsselung

Ende-A-zu-Ende-Z Verschlüsselung muss neu gedacht werden, wenn sie sich als Ende-B-zu-Ende-Z Verschlüsselung herausstellt.

Die Humane Proxies Funktion ist ebenso eine durchgängige Verschlüsselung, der Startpunkt der Verschlüsselung ist jedoch wahlweise der Sender oder sein Humaner Proxy. Damit wird Ende-zu-Ende Verschlüsselung neu definiert.

Das eine Ende (aka „Start") einer Ende-zu-Ende-Verschlüsselung kann ein Proxy sein, ohne dass die Verschlüsselung gebrochen ist. Auch der Empfänger kann für sein Antwort-Reply an den

Sender einen Proxy wählen, damit kommunizieren zwei Endpunkte, die nicht als Endpunkte zu identifizieren sind.

Es handelt sich um zwei Endpunkte, die miteinander jeweils über einen Stellvertreter kommunizieren – ohne dass die Verschlüsselung des originären Endpunktes gebrochen wird.

Bislang hat sich die kryptographische Forschung vielfach mit der erneuten Verschlüsselung an der Stelle eines Proxies beschäftigt (Ivan / Dodis 2003, Green / Ateniese 2007, Tang et al. 2008, Mao et al. 2018). Nun ist Verschlüsselung an einem Proxy durchgängig zu betrachten.

Wie wir in Abbildung 3 gesehen haben, kann es Konstellationen geben für eine Ende-zu Ende-Verschlüsselung, bei der sich der Start- und End-Punkt nicht kennen. Wenn der Empfänger einer Nachricht ebenso über eine Humanen Proxy antwortet, dann sprechen wir von einer reziproken, aber asymmetrischen Start-zu-Ende-Verschlüsselung (RASE-Encryption).

Wie gesagt, der Gedanke des Inneren Umschlages wird an allen Menschen vorbeigehen, die den Ansatz der Humanen Proxies in der Kombination von Spezifikationen für Verschlüsselung und Spezifikationen für Netzwerke noch nicht entdecken haben.

9 – Didaktische Fragen

Optional können Sie diese Beispielfragen für weitere Präsentationen, Zusammenfassungen oder Lern- und Forschungsfragen notieren, diskutieren und in Unterrichtssituationen beantworten.

(1) Schauen Sie sich die Dateiübertragung im Smoke Messenger an und erklären Sie die Ende-zu-Ende-Verschlüsselung.

(2) Erörtern Sie die Vorteile und Risiken der Indizierung von Personen.

(3) Entschuldigt oder befreit die Aussage eines Spediteurs, nicht gewusst zu haben, wen er wohin gebracht hat, ihn von seiner Verantwortung - wie einige Beteiligte in Nazi-Deutschland später sagten oder konkret vorgaben, nicht zu wissen, dass Juden in ein Konzentrationslager gebracht wurden? Sie vorgaben, nicht zu wissen, dass sie ein Teil des totalitären Systems waren?

(4) Ist eine doppelte Kontingenz gegeben, wenn ein Netzknoten potenziell als Stellvertreter betrachtet werden kann?

(5) Erklären Sie das Konzept Trepidation of Memory.

(6) Erkläre das Steam-Protokoll und seine Vorteile für die Programme Tor oder RetroShare.

(7) Erklären Sie, was plausible Abstreitbarkeit ist und wie Humane Proxies sie herstellen.

(8) Erstellen Sie ein Konzept für die Nachrichtenweiterleitung, bei dem ein Humaner Proxy einen anderen Humanen Proxy auswählen kann.

(9) Haben transformierte Daten einen Bezug zu den ursprünglichen Daten?

(10) In der Regel wird der Überbringer einer Nachricht nach einem Spruch des Volkes aufgehängt. Mit welchem Recht kann eine haltende oder zustellende Person für eine Nachricht verantwortlich gemacht werden, während der Absender einer Nachricht jemand anderes ist?

(11) In welchen Alltagssituationen könnte man einen Stellvertreter gebrauchen?

(12) Ist ein Abgeordneter verantwortlich, wenn er nicht wusste, welche Nachricht er weiterleiten wird?

(13) Kann der Endpunkt für negative, unerwünschte oder bösartige Nachrichten verantwortlich gemacht werden oder ist der Absender der Nachricht verantwortlich?

(14) Kann die Realitätswahrnehmung eines Gefangenen in der Höhle nach Platon mit der Realitätswahrnehmung eines Besitzers eines Knotens, der eine verschlüsselte

Nachricht als Proxy weiterleitet, in Beziehung gesetzt werden?

(15) Mit welchem Code steuert die Software Spot-On einen anderen Netzwerkknoten?

(16) Nennen Sie ein politisch brisantes, reales oder fiktives Beispiel, bei dem der Einsatz eines Bevollmächtigten relevant sein kann.

(17) Sind Stellvertreter für eine Vollmacht ohne Anerkennung zuständig?

(18) Was besagt das Konzept "Beyond Cryptographic Routing"?

(19) Was lässt sich über das Konzept Trepidation of Relationship sagen?

(20) Was sind die grundlegenden Elemente des Echo?

(21) Welche Instrumente der Massenüberwachung gibt es und aus welchen Gründen werden sie kritisch gesehen?

(22) Welche Mittel gibt es, um eine Massenüberwachung zu vermeiden?

(23) Welche Rolle spielt das Hash-Verfahren im Echo-Protokoll?

(24) Welche Leistungen können über einen Bevollmächtigten abgewickelt werden und warum sollte ein Bevollmächtigter eingesetzt werden?

(25) Zeichnen und erläutern Sie zwei verschiedene Diagramme, jedes mit einem menschlichen Proxy, und erklären Sie die Unterschiede zwischen den beiden.

(26) Zeigen und erklären Sie die Funktion Human Proxies anhand einer laufenden Spot-On-Instanz. Welche anderen Funktionen der Anwendung können damit in Verbindung gebracht werden?

(27) Was ist die Vision von Spot-On in Bezug auf die Interoperabilität von Endgeräten in der Kommunikation?

Referenzen

Ateniese, G. / Benson, K. / Hohenberger, S. (2009): Key-private proxy re-encryption, in: Topics in Cryptology - CT-RSA 2009 The Cryptographers' Track at the RSA Conference 2009, San Francisco, CA, USA, 20 - 24 April, Proceedings, pp. 279–294.

Berge, Claude (1958): Théorie des graphes et ses applications (in French), Paris: Dunod.

Black, Michael (2013): When I first heard of GoldBug – Review of GoldBug Secure Instant Messenger, URL: http://www.lancedoma.ru/, 29 Oct.

Bollobás, Béla (2002): Modern Graph Theory, Springer.

Breyer, Patrick (2005): Die systematische Aufzeichnung und Vorhaltung von Telekommunikations-Verkehrsdaten für staatliche Zwecke, Berlin.

Breyer, Patrick (2005): Telecommunications Data Retention and Human Rights - The Compatibility of Blanket Traffic Data Retention with the ECHR, European Law Journal, 11 (3): 365–375.

Bro Theo's (Hg.): Lexikon der Informatik, Datenverarbeitung und Kryptographie - Knoff-Hoff a Niffi, Niffum et Niffo: Mit über 1000 Übungs-Aufgaben für Lernende, ISBN 978-3758368158.

BSI / Bundesamt für Sicherheit in der Informationstechnik (2021): Moderne Messenger – heute verschlüsselt, morgen interoperabel?, Bonn.

Chakravarty, Sambuddho / Portokalidis, Georgios / Polychronakis, Michalis / Keromytis, Angelos D. (2015): Detection and analysis of eavesdropping in anonymous communication networks, in: International Journal of Information Security, 14, 201506, 205.

Choi, Jinchun / Abuhamad, Mohammed / et al. (2020): Understanding the Proxy Ecosystem: A Comparative Analysis of Residential and Open Proxies on the Internet, IEEE Access, 8, 111368.

Collier, Jamie (2017): Proxy Actors in the Cyber Domain - Implications for State Strategy, in: St. Antony`s International Review 13, No 1, pp. 25-47.

Deggerich, Markus (2001): „Diese Spende hat es nicht gegeben", Der Spiegel, 22.06.

Deibert, Ronald (2001): Psiphone - https://de.wikipedia.org/wiki/Psiphon.

Diestel, Reinhard (2010): Graphentheorie, Berlin.

Dingledine, Roger / et al. (2004): Tor - The Second-Generation Onion Router, in: Proceedings of the 13th USENIX Security Symposium, August 9 - 13, 303–320.

Edwards, Scott / Spot-On.sf.net Project (Eds.) (2019): Communicating like dolphins with Spot-On Encryption Suite: Democratization of Multiple & Exponential Encryption; Handbook and User Manual as practical software guide with introductions into Cryptography, Cryptographic Calling and Cryptographic Discovery, P2P Networking, Graph-Theory, NTRU, McEliece, the Echo Protocol and the Spot-On Software, ISBN 9783749435067.

Everling, Oliver (2020): Social Credit Rating - Reputation und Vertrauen beurteilen, Springer Gabler.

Gasakis, Mele / Schmidt, Max (2018): Beyond Cryptographic Routing: The Echo Protocol in the new Era of Exponential Encryption (EEE) – A comprehensive essay about the Sprinkling Effect of Cryptographic Echo Discovery (SECRED) and further innovations in cryptography, ISBN 978-3-7481-5198-2.

Gaylin, Willard / Macklin, Ruth (1982): Who Speaks for the Child: The Problems of Proxy Consent, Springer Science & Business Media.

Green, M. / Ateniese, G. (2007): Identity-based proxy re-encryption, in: Katz, J. / Yung, M. (Eds.) ACNS 2007, LNCS, vol. 4521, Springer, Heidelberg, pp. 288–306.

Hansel, Mischa (2022): Cybernormbildung in den Vereinten Nationen - Welche Rolle spielt der asymmetrische Gebrauch von Proxies? in: Zettl, Kerstin / Harnisch, Sebastian / Hansel, Mischa (Hg.): Asymmetrien in Cyberkonflikten - Wie Attribution und der Einsatz von Proxies die Normentwicklung beeinflussen, Nomos, p. 201-228.

Ivan, A.A. / Dodis, Y. (2003): Proxy cryptography revisited, in: NDSS.

Janal, Ruth: Gutachten zur Bedeutung der EuGH-Entscheidung YouTube und Cyando für Diensteanbieter der Informationsgesellschaft, die keine Host Provider sind, im Auftrag der Gesellschaft für Freiheitsrechte e.V., 2023, URL: https://freiheitsrechte.org/uploads/publications/2023-02-03_Janal_Gutachten_DNS-Resolver-final.pdf

Jungnickel, Dieter (1994): Graphen, Netzwerke und Algorithmen, Mannheim.

Kahle, Christian (2020): GoldBug-Messenger im Interview: Ende-zu-Ende-Krypto unter Beschuss - Verbot ist technisch aber Unsinn, 28.11.2020, URL: https://winfuture.de/news,119739.html.

Kalathas, Ollie (2022): The Social-Credit System in China: A Deeper Understanding, 22. March.

Kärtner, Jurit: Das Problem der doppelten Kontingenz als Ausgangsproblem des Sozialen und der soziologischen Theorie. Vorschlag zu einer Systematisierung der soziologischen Systemtheorie Niklas Luhmanns. In: Zeitschrift für theoretische Soziologie 4/1(2015), p. 60–88.

Lindner, Mirko (2014): POPTASTIC: Verschlüsselter Chat über POP3 mit dem GoldBug Messenger, Pro-Linux, URL: http://www.pro-linux.de/news/1/21822/poptastic-verschluesselter-chat-ueber-pop3.html, 9. Dezember.

Luhmann, Niklas (1984): Soziale Systeme, Frankfurt.

Madore, David (2000): Method of free speech on the Internet: random pads, URL: http://www.eleves.ens.fr:8080/home/madore/misc/freespeech.html

Mao, Xianping / Li, Xuefeng / et al. (2018): Anonymous Attribute-Based Conditional Proxy Re-Encryption; in: Au, Man-Ho / Ming You, Siu / et al. (Ed.): International Conference on Network and system security - 12th International Conference, NSS, Hong Kong, p. 95-110.

Maurer, Tim (2018): Cyber Proxies and Their Implications for Liberal Democracies, in: The Washington Quarterly, 41:2, 171-188.

McKeague, Jonathan / Curran, Kevin (2018): Detecting the Use of Anonymous Proxies, in: International Journal of Digital Crime and Forensics (IJDCF), 10, 20180401, 74.

Miller, Shane / Curran Kevin / Lunney, Tom (2021): Identifying the Use of Anonymising Proxies to Conceal Source IP Addresses, in: International Journal of Digital Crime and Forensics (IJDCF), 13.

Moonlander, Casio (2020): Smoke - An Android Echo Chat Software Application: Personal Chat Messenger / Open Source Technical Website Reference Documentation 2020-11-15.

Mulvin, Dylan (2021): Proxies - The Cultural Work of Standing In, MIT Press Ltd.

Nakanishi, Junya / Sumioka, Hidenobu / Ishiguro, Hiroshi (2016): Impact of Mediated Intimate Interaction on Education - A Huggable Communication Medium that Encourages Listening in: frontiers in Psychology, 19. April, p. 84ff.

National Security Council: Directive on Covert Operations, NSC 5412, National Archives, RG 273.

Nomenclatura (2019): Encyclopedia of modern Cryptography and Internet Security: From AutoCrypt and Exponential Encryption to Zero-Knowledge-Proof Keys, ISBN: 978-3748191513 & ISBN: 9783746066684.

Offsystem (2003): OFF System Introduction about Brightnets, Owner-Less Data and Multi-Use Data, URL: http://offsystem.sourceforge.net/.

Parsons, Talcot (1971): The System of Modern Societies.

PCWelt Magazin / Joos, Thomas (2014): Sicheres Messaging im Web, URL: http://www.pcwelt.de/ratgeber/ Tor__I2p__Gnunet__RetroShare__Freenet__GoldBug__Sp urlos_im_Web-Anonymisierungsnetzwerke-8921663.html, 01. Oktober.

Plato (514a–520a): The Allegory of the Cave, from The Republic at University of Washington – Faculty.

Poe, Edgar Alan (1843): Goldbug.

Popescu, Bogdan C. / Crispo, Bruno / Tanenbaum, Andrew S. (2004): Safe and Private Data Sharing with Turtle: Friends Team-Up and Beat the System, in: 12th International Workshop on Security Protocols, Cambridge, UK, April.URL: http://turtle-P2P.sourceforge.net/turtleinitial.pdf.

Rattray, Gregory J. / Healey, Jason (2011): Non-state actors and cyber conflict, in: Lord, Kristin M. / Sharp, Travis (Ed.): America's Cyber Future - Security and Prosperity in the Information Age, volume 2.

Reda, Felix: Die Störerhaftung ist tot, lang lebe die Störerhaftung, VerfBlog, 2023/2/07, https://verfassungsblog.de/storerhaftung/.

RetroShare (2023): https://en.wikipedia.org/wiki/Retroshare

Reuter, Markus (2021): Client-Side-Scanning: Berühmte IT-Sicherheitsforscher:innen warnen vor Wanzen in unserer Hosentasche. 16. Oktober, URL: https://netzpolitik.org/2021/client-side-scanning-beruehmte-it-sicherheitsforscherinnen-warnen-vor-wanzen-in-unserer-hosentasche/

Rösler, Paul / Schwenk, Jörg (2023): Interoperability between Messaging Services - Secure Implementation of Encryption, Study for the Federal Network Agency, 28.4.

Rosenbach, Marcel / Stark, Holger (2011): Staatsfeind WikiLeaks - Wie eine Gruppe von Netzaktivisten die mächtigsten Nationen der Welt herausfordert, München.

Schillinger, F. / Schindelhauer, C. (2019): End-to-End Encryption Schemes for Online Social Networks, in: Wang, G. / Feng, J. / Bhuiyan, M. / Lu, R. (Eds.): Security, Privacy, and Anonymity in Computation, Communication, and Storage, SpaCCS 2019, Lecture Notes in Computer Science, vol 11611, Springer.

Sivananda, Swami (1974): Practice of Karma Yoga.

Smoke Documentation (2020): Smoke Messenger - https://github.com/textbrowser/smoke.

Snowden, Edward (2019): Permanent Record, Macmillan.

Sparrer, Insa (2006): Systemische Strukturaufstellungen - Theorie und Praxis, Carl-Auer-Verlag, Heidelberg.

Spot-On (2011): Documentation of the Spot-On-Application, URL: https://sourceforge.net/p/spot-on/code/HEAD/tree/, under this URL since 06/2013, Sourceforge, including the Spot-On: Documentation of the project draft paper of the pre-research project since 2010, Project Ne.R.D.D., Registered 2010-06-27, URL: https://sourceforge.net/projects/445nerdd/ has evolved into Spot-On. Please see http://spot-on.sf.net and URL: https://github.com/textbrowser/spot-on/blob/master/branches/Documentation/RELEASE-NOTES.archived, 08.08.2011.

Spot-On (2023): Documentation of the Spot-On-Application, URL: https://github.com/textbrowser/spot-on/tree/master/branches/trunk/Documentation, Github 2023.

Spot-On Encryption Suite (2019): Democratization of Multiple & Exponential Encryption: - Handbook and User Manual as practical software guide, ISBN: 978-3749435067.

Sundermann, Judith (2021): Chinas Social Credit System - Eine Betrachtung mit Luhmann, Bentham und Foucault, GRIN Verlag.

Tang, Qiang / Hartel, Pieter / Jonker, Willem (2008): Inter-domain Identity-based Proxy Re-encryption, Verlag University of Twente, Centre for Telematics and Information Technology (CTIT).

Tenzer, Theo (2022): Super Secreto - The Third Epoch of Cryptography: Multiple, exponential, quantum-secure and above all, simple and practical Encryption for Everyone, ISBN 978-3755761174.

Voß, Klaas (2014): Washingtons Söldner - Verdeckte US-Interventionen im Kalten Krieg und ihre Folgen, Hamburg.

Zettl, Kerstin (2022): Der Einsatz von Cyberproxies zur Wahrung autokratischer Regimesicherheit – Iran und Nordkorea im Vergleich, in: Zettl, Kerstin / Harnisch, Sebastian / Hansel, Mischa (Hg.): Asymmetrien in Cyberkonflikten - Wie Attribution und der Einsatz von Proxies die Normentwicklung beeinflussen, Nomos, p. 69 – 104.

Zick, Thomas (2017): Beunruhigend - Russischer Roboter F.E.D.O.R. trainiert mit Waffen, Winfuture, 19.4., URL: https://winfuture.de/videos/Hardware/Beunruhigend-Russischer-Roboter-trainiert-mit-Waffen-17680.html

Zick, Thomas (2021): Roboter ATLAS, URL: https://winfuture.de/videos/Hardware/Boston-Dynamics-Atlas-Roboter-zeigt-beeindruckende-Parkour-Skills-22993.html

Human Proxies